Heidi Haupt-Battaglia   **Faszination Ei**

Heidi Haupt-Battaglia

Faszination Ei

Ein beglückendes Schau- und Lesebuch
mit vielen praktischen Hinweisen –
herausgewachsen aus zehn Jahren
«Berner Ostereiermärit» mit
seinen 110 Künstlern

Verlag Paul Haupt   Bern und Stuttgart

Suchen und Sammeln 13

ISBN 3-258-03816-3

Alle Rechte vorbehalten
© 1987 by Paul Haupt, Berne
Stämpfli-Design: Eugen Götz-Gee
Photos: Heinz Studer, Thun
Photolithos: Henzi AG, Bern
Gesamtherstellung: Stämpfli+Cie AG, Bern

Ein Wort zuvor

Vor vier Jahren erschien mein erstes Ostereierbuch – all jenen zugedacht, die sich eingehend mit dem Verzieren von Eiern beschäftigen wollen, die ausführliche, bebilderte Anleitung suchen.

Was hier nun vorliegt, ist etwas anderes:

– Ich wende mich zunächst an den Eier*künstler,* dem es ein Bedürfnis ist, zu sehen, wie andere mit dieser wunderbaren Kalkschale zurechtkommen.
– Dann denke ich an den Eier*sammler,* der sich nun mal nicht jedes Ei leisten kann (oder will), das ihm gefällt. Dieses Buch soll gewissermassen eine platonische Erweiterung seiner eigenen Sammlung sein.
– Im weitern ist es für den Eier*liebhaber* bestimmt, der nicht alles besitzen muss, was ihm gefällt, oder der nicht weiss, wo er die delikaten Kleinodien unterbringen soll.
– Nicht zuletzt lege ich das Buch all jenen zu Füssen, die *alles Schöne* lieben, das mit einem Quentchen Herzblut geschaffen worden ist.
   Seit zwei Jahrzehnten sammle ich sie – dreitausend Eier sind in dieser Spanne zusammengetragen worden. Ein ganz klein wenig drückt mich deshalb mein Gewissen, und um es zu entlasten, unterziehe ich mich alljährlich zur Osterzeit der grossen Mühe, die tausend schönsten Eier meiner Sammlung der Öffentlichkeit irgendwo zugänglich zu machen.

Diese Ausstellungen, meist in Schlössern oder Museen zu Gast, ziehen wohl viele Besucher an, wirken aber doch vorwiegend regional. Auch wer weitab von Ausstellungszentren wohnt und sich für gute Ostereier interessiert, erhält anhand des Buches Zugang zu einer *repräsentativen Sammlung.*

Was hier vorliegt, soll letztlich auch *mein Dank* an unsere hundertundzehn Freunde auf dem Berner Ostereiermärit sein, an die gegenwärtigen und an jene, die ein Weilchen an unserer Seite gegangen sind in diesen herrlichen zehn Jahren, ein Dank auch an die Besucher unseres Marktes, die uns mit ihrer Begeisterung ermuntert und beflügelt haben, ein Willkommensgruss schliesslich an all jene Künstler, die inskünftig mitmachen werden.

Zum Buch selbst:
Es gliedert sich zur Hauptsache in zwei Teile:

– Im *ersten Teil* fasse ich jeweils gleiches technisches Vorgehen zusammen, zeige, was verschiedene Künstler mit demselben Werkzeug vollbringen. Gravieren oder Ätzen, Batiken oder Kleben u. a. m. Welch eine Vielfalt, welch ein Reichtum, welch unterschiedliche Ergebnisse treten dabei zutage! Hinweise auf Arbeitsabläufe, Material usw. sind nur sparsam beigefügt. Wenn Sie hierüber mehr wissen wollen, greifen Sie bitte zu meinem ersten Ostereierbuch!

– Der *zweite Teil* stellt 35 Künstler mit ihren Arbeiten vor. (Schade, dass mir der Verleger den Umfang des Buches beschränkte – ich hätte hier gerne weiter ausgeholt.) Es geht mir darum, am Beispiel bestimmter Künstler sichtbar zu machen, wie sich seine Eier – bei meist gleicher Technik – wandelten, verfeinerten, wie sich der Künstler weiterentwickelte, was aus vielleicht bescheidenen Anfängen im Laufe der Jahre entstanden ist. Auch das verschafft Ihnen, liebe Leserin, lieber Leser, einen vertieften Einblick in diese liebenswerte Kleinkunst.

Und nun wünsche ich Ihnen beim Lesen und Schauen viel Freude und Spass.

Heidi Haupt-Battaglia

Zollikofen, an Weihnachten 1986

Eine Übersicht

Womit das Ganze begann: Der Berner Ostereiermärit

«Wer weiss, wozu es gut ist», pflegen schicksalsergebene Menschen zu seufzen, wenn etwas Schweres über sie hereinbricht. Könnten wir einen Blick in die Zukunft tun, wir würden eine Heimsuchung vielleicht gleichmütiger hinnehmen; denn wie oft ist sie die Knolle, aus der eine wunderschöne Blume bricht!

Die Knolle, aus der die Blüte des Berner Ostereiermärits herausgewachsen ist, war 1964 eine Arthrose in meiner rechten Schulter, die mir den Pinsel in die Hand drückte, weil anspruchsvollere Arbeit nicht möglich war. Die Weidenkätzchen blühten – was lag näher, als ein paar Ostereier zu malen! Der Schmerz war längst verklungen, Ostern vorbei, aber mich hatte es auf andere Weise gepackt: Das Ei liess mich nicht mehr los. 22 Jahre ist es her, und ich sehe noch kein Entweichen. Bei Johanna Huber (Seite 116) ist nachzulesen, was der Auslöser zu diesem Eiermarkt war, der nun schon zehnmal im Casino Bern über die Bühne gegangen ist. Es war ein hartes Stück Arbeit, bis die 32 Eierkünstler zum erstenmal hinter ihren Schätzen sassen. Aber Türen wurden mir aufgetan, Freunde standen zur Seite, meine Familie machte mit, und mein Mann kümmerte sich um die organisatorischen Belange. Und vom ersten Augenblick an strömten auch die Besucher aus nah und fern herbei: Wir wechselten vom Kornhaus, wo meine Eiersammlung ausgestellt war und wo auch die Vernissage stattfand, ins Casino und trauten unsern Augen kaum: Lange vor dem Öffnen der Türen stand die Schlange der Wartenden bis weit auf die Strasse hinaus!

Drei Tage dauert jeweils das Fest, und es wäre heuchlerisch, zu behaupten, die klingelnde Kasse sei den Teilnehmern nebensächlich – aber viel glücklicher macht uns alle die Begegnung mit den Menschen, die sich so mitreissen lassen von unserer Begeisterung, die spüren, dass wir ihnen in erster Linie etwas geben wollen, dass Eierverkaufen weit hinter dem Spass kommt, der Freude über die zwischenmenschlichen Beziehungen. Gerne lassen wir uns beim Arbeiten über die Schulter gucken, geben Ratschläge, zeigen Handgriffe und schenken damit so manchem den Mut, es zu Hause selber zu versuchen. Genau das ist es ja, was ich mit dieser Verbindung von Markt und Hilfestellung für eigenes Schaffen der Besucher erreichen wollte. Mancher Künstler, dem vor gar nicht so langer Zeit bei uns zum erstenmal die Augen aufgingen, sitzt heute mit Wunder-Eiern an seinem Tisch! Ach, und da ist noch so vieles, das einem das Herz erwärmt: Jeder Teilnehmer bringt zum Beispiel seine eigene Standdekoration mit, und es gibt Besucher, die vorab dieser zauberhaften Gebinde wegen durch unsere Räume gehen. Wieviel Liebe zum Schönen, wieviel Einfallsreichtum und Farbensinn werden auch darin sichtbar!

Doch das Allerschönste ist die Freundschaft, die uns verbindet, das neidlose Sich-Freuen am Wachsen, am Erfolg des andern, das spürbare Zusammengehören. Wenn am Samstagabend, bevor wir die Zelte abbrechen, die Besucher durchs Mikrophon gebeten werden, sich jetzt zurückzuziehen («unsere Eierkünstler haben drei anstrengende Tage hinter sich»), so ist das keineswegs übertrieben: Wir sind todmüde, wie ausgebrannt – und freuen uns schon wieder auf den nächsten Märit...

1. Teil　　　　So machen wir's

Ein Mensch, ein Ei, ein Messer

Nirgends dünkt es mich so augenfällig, wie hier bei dieser scheinbar so spröden Technik, welch unglaubliche Möglichkeiten ein allereinfachstes Werkzeug eröffnen kann, wenn es in geschickte oder gar künstlerische Hände gerät. Es ist wirklich wahr: Nur ein Messer ist vonnöten, um die anmutigsten Kreise auf einer gefärbten Eischale zu ziehen!

Zum Einteilen und Skizzieren nehmen wir einen spitzen Bleistift, und schon können wir uns ans Werk machen. Am besten eignen sich Eier, die im Pflanzensud (Zwiebeln, Rotholz, Blauholz) gekocht worden sind. Die Oberfläche des mit Chemiefarben behandelten Eis ist härter und spröder.

Grundsätzlich lässt sich mit jedem spitzen, harten Werkzeug (Nagel, Ahle, Skalpell) arbeiten, doch ist wohl das japanische Papiermesser dazu das ideale Gerät: Es liegt leicht in der Hand und ist – sobald die Klinge nicht mehr einwandfrei ritzt – in Sekundenschnelle in optimaler Bereitschaft, indem wir sie mit einer flachen Zange um eine Kerbe kürzen.

Die Bleistiftskizze wird so schnell wie möglich mit feinsten Messerstrichen festgehalten, damit sie beim Arbeiten nicht verwischt wird. Weder gerade noch rund verlaufende Striche werden von A bis Z durchgezogen, sondern zentimeterweise solcherart in die Schale geritzt, dass wir die Klinge mehrmals zurückgreifen lassen, bis der Strich einwandfrei sitzt. Die Kontrolle für die richtige Messerführung: Das Geräusch, das unser Instrument erzeugt, soll sich wie ein trockenes Schaben anhören, nicht wie das Bremsengequietsche einer Gotthardlokomotive!

Drei Farbstufen sind mit dem Messer zu erwirken: etwas weniger hell als der Farbgrund, halb so dunkel wie der Farbgrund, Weiss oder Ecru, je nach der Tönung des Natureis. Zuerst wird der Umriss graviert und dann die Fläche in *einer* Strich-Richtung ausgeschabt.

Unzählbar sind die Wege des Verzierens, die sich uns jetzt erschliessen. Deren neun sind hier dargestellt:

6 — Mit Girlanden wird das Ei längs in Sektoren aufgeteilt. Als Akzent in die Mitte gesetzt: ein paar symmetrische Blüten.
5 — Rosette.
8 — Reiches Spitzenwerk.
1 — Zwei Motive, wie ein Netz über die ganze Eioberfläche gezogen.
4 — Strenges Ornament mit flächig ausgekratzten Bahnen.
2 — Naturalistisch gezeichnete Pflanzen oder Tiere.

Wenn uns aber mit einem Mal die Lust überkommt, unserem zweifarbigen Ei einen zusätzlichen Akzent zu verschaffen — wer hindert uns, einem Vogelschnabel oder einigen Federchen mit Pinsel oder Farbstift etwas Farbe zu verleihen?

Drei Farbtöne, über die ganze Zeichnung verteilt, verschafft uns folgender Arbeitsgang: Wir färben das Ei mit goldbrauner Batikfarbe und überpinseln es dann mit schwarzer Tusche. Je nachdem, wie tief 3 wir kratzen, kommen wir auf braunen oder weissen Grund als Kontrast zum Schwarz der Oberfläche. Genügt uns das nicht, dürfen wir auch da mit Pinsel oder Farbstift ein übriges tun. 7

Zweitonig gekratzte Eier müssen nicht lackiert werden, es sei denn, es seien ausgedehnte weisse Partien vorhanden, die durchs Berühren mit der Zeit unansehnlich werden. Waren aber Pinsel und Stift am Werk, muss gesprüht oder lackiert werden.

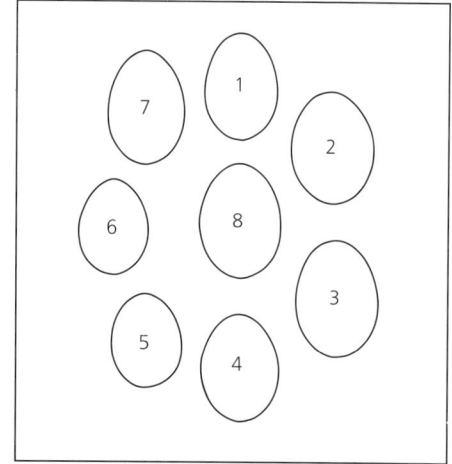

1
Hilde Schesny, 1926
Gontenschwil AG (CH)
Damenschneiderin, Hausfrau

2
Vreni Messmer, 1942
Tenna GR (CH)
Kunstgewerblerin (z. B. Wollefärben),
Hausfrau

3
Heidi Maechler, 1947
Grand Lancy GE (CH)
Kunstgewerblerin, Hausfrau

4
Heidi Haupt-Battaglia, 1921
Zollikofen BE (CH)
Kunstgewerblerin, Hausfrau

5
Senta Scheidegger, 1946
Münsingen BE (CH)
Hauswirtschafts- und
Handarbeitslehrerin, Hausfrau

6
Johanna Daepp, 1941
Schüpfen BE (CH)
Hauswirtschaftslehrerin, Hausfrau

7
Karl Schlegel, 1946
St. Gallen (CH)
Textilzeichner, Hausmann

8
Marie Reusser, 1920
Bremgarten BE (CH)
Wirtin, Hausfrau

Mit Pinsel und Farbe

Ist es nicht zauberhaft, was zwanzig Menschen mit einem einfachen Pinsel und etwas Farbe zustande bringen? Auch hier trägt ein jedes dieser Eier die unverwechselbare Handschrift seines Schöpfers. Wer solche Eier um ihrer Schönheit, ihrer liebenswürdigen Aussage willen schätzt, schliesst sie vollends ins Herz, wenn er den Menschen, der dahinsteht, mit seinem Schicksal, seiner Freude und seinem Leid kennt, der sich nicht selten durch seine kleinen Kunstwerke in sein Innerstes schauen lässt. Und nun verstehen wir, weshalb seine Kindergesichtchen so versponnen in die Welt gucken, wissen wir, weshalb uns ein anderer ins Märchenreich von «Tausendundeiner Nacht» entführt und sich ein Dritter hinter strengen Ornamenten verbirgt. Härchen um Härchen oder Feder um Feder werden hier mit minuziösen Strichen festgehalten, wird dort ein Insekt im Anflug mit grosszügig fliegendem Pinsel erhascht. Volkstümliche Bauernmalerei steht neben blütenumrankten Sprüchen im Stil des Biedermeier, mit einem Medaillon, schlicht nur aus der Laubfleckenschale eines Truteneis gekratzt, dort ein Ei gemalt wie ein Schmuckstück passend zu einem

Kattunkleidchen von Laura Ashley, wieder ein 25
anderes, das die wissenschaftliche Zeichnerin verrät, 12
schliesslich eines aus den begnadeten Händen eines
Pretiosen-Designers. 19

Der junge Zaunkönig auf dem dürren Kerbel- 26
zweig ist das Vermächtnis eines Mannes, der von
der gestrengen Jury des Berner Ostereiermärits mit
fliegenden Fahnen angenommen worden war,
sich überglücklich an seine schöne Arbeit setzte –
und wenige Tage vor der Veranstaltung an einem
Schlaganfall starb.

Gemalt wird mit Aquarellfarbe, Acrylfarbe, Deck-
farbe (Gouache), Ölfarbe und mit feinen Pinseln bis
hinunter zur Grösse 000. Weisse, écrufarbene oder
fein gesprenkelte Natureier bilden den Grund. Die
Eier können aber auch in einem Farbbad gefärbt
oder mit Wasserfarbe oder Dispersion grundiert
werden. Zum Trocknen spiessen wir das Ei auf eine
Stricknadel, an der wir mit einem Stückchen Kork-
zapfen oder Radiergummi eine Arretierung angebracht haben. Und schliesslich: Mit Aquarell- und
Deckfarben bemalte Eier müssen am Schluss mit
Lack fixiert werden.

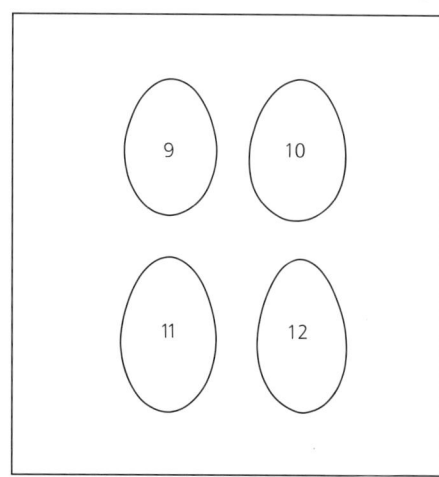

9
Elsbeth Messmer, 1937
St. Gallen (CH)
Kunstgewerblerin, Malerin, Besitzerin einer
Boutique «Zur Töpferscheibe», Hausfrau

10
Elisabeth Eichenberger, 1943
Trub BE (CH)
Bäuerin, Naiv- und Bauernmalerin, Hausfrau

11
Doris Wetzel, 1933
Waldstadt AR (CH)
Kunstgewerblerin (Blumen- und
Ikonenmalerei), Hausfrau

12
Carola Maila Bänziger, 1931
Zollikerberg ZH (CH)
Malerin, Kunstgewerblerin, Sekretärin

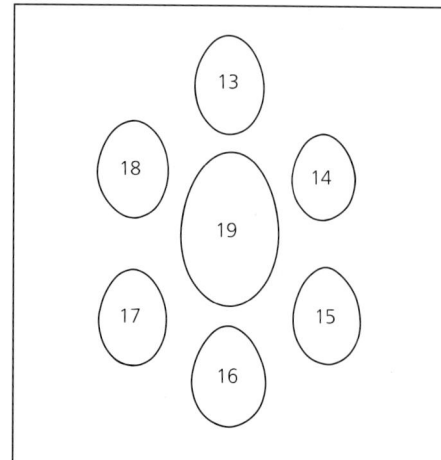

13
Monika Friedrich, 1953
Neukirch TG (CH)
Werklehrerin

14
Christa Gebhard, 1948
Therwil BL (CH)
Kaufmännische Ausbildung, Hausfrau

15
Martha Rohrbach, 1918
Basel (CH)
Naivmalerin, Hausfrau

16
Silvia Friedli, 1929
St. Gallen (CH)
Textilentwerferin, Hausfrau

17
Susanne Kaderli, 1944
Allenlüften BE (CH)
Sekretärin, Kunstgewerblerin, Hausfrau

18
Regula Badraun, 1934
Lustmühle AR (CH)
Textilentwerferin, Hausfrau

19
Emilio Häfliger, 1934
Luzern (CH)
Goldschmied, Grafiker, Schmuckdesigner

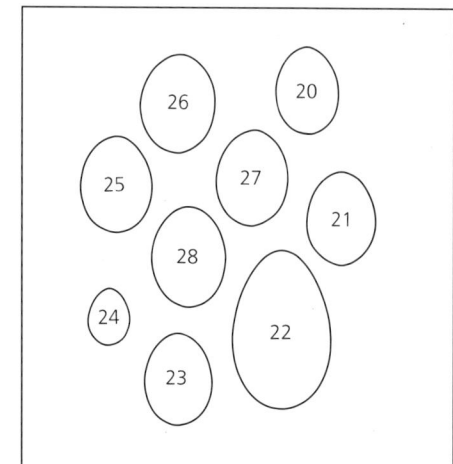

20
Peter Pfander, 1937
Schüpfen BE (CH)
Chemigraf, Bauernmaler

21
Fry Lüthi, 1926
Bätterkinden BE (CH)
Buchautorin, Hausfrau

22
Hannes Wimmer, 1941
Zug (CH)
Angestellter, Maler

23
Heidi Brunner, 1937
St. Gallen (CH)
Sekretärin, Hausfrau

24
Renate Franke, 1942
Wachenheim (BRD)
Pädagogin, Musiklehrerin, Hausfrau

25
Barbara Markwalder, 1948
Würenlos AG (CH)
Musiklehrerin, Hausfrau

26
Paul Bopp †
Basel (CH)

27
Ursula Jäggi, 1923
Thun BE (CH)
Modistin, Porzellanmalerin, Hausfrau

28
Anita Mauerhofer, 1963
Speicher AR (CH)
Studentin (Kunstgewerbe)

Batik und Wachsauflagen

Sind Gravieren und Malen mit einem einzigen Instrument zu bewerkstelligen, so wird die Technik vielseitiger, wenn wir uns für unsern Eierschmuck Wachs vornehmen. Wir verwenden es als Reservematerial, um es – nach getaner Arbeit – wieder wegzuschmelzen. Ebenso dekorativ aber wirken Ornamente mit aufgetragenem Wachs in einem oder in mehreren Farbtönen. Schliesslich lässt sich Wachs 36 auch als Knetmasse verwenden.

   Die Sorben, eine kunstsinnige Volksgruppe aus Ostdeutschland, nehmen für ihre Verzierungen *Stecknadelköpfe* oder auch *Gänsefedern,* die sie in unterschiedlicher Manier zuschneiden. Diese Eier tragen den unverwechselbaren Stempel ihrer Herkunft. Ob Stecknadelkopf oder Gänsefeder, beides wird in heisses – nicht rauchendes! – Wachs getaucht, das auf einem kleinen Rechaud (Stöfchen) still vor sich hinschmilzt. Das anhaftende Wachströpfchen muss nun sehr behende aufs Ei übertra- 40 gen werden. Die Federschablone wird sachte auf die Schale gelegt, wo sie *das* Zeichen zurücklässt, als das sie zugeschnitten wurde. Das Stecknadelköpfchen dagegen wird kräftig abgesetzt, so dass 29 ein kugelrunder Tupfen entsteht. Werden Striche oder Bogen gewünscht, wird das Tüpfchen mit einem kleinen Schwung in der bestimmten Richtung 39,41,42 verlängert. Manche Eier werden ausschliesslich mit 40 Stecknadeln, andere nur mit Federn bearbeitet. Wechseln wir mit beiden Instrumenten ab, ergeben 43 sich reizvolle Ornamente.

Die Ukrainer hingegen haben sich ein sinnreiches Werkzeug geschaffen, die *Kistka*, ein Holzstäbchen, an dessen einem Ende ein winziges Trichterchen mit Kupferdraht befestigt ist. Das kleine Gefäss mündet in ein Röhrchen aus, aus dem das heisse, flüssige Wachs aufs Ei fliesst.

Die allerfeinsten Batikeier aber sind mit *Schreibfedern* aus Stahl gezeichnet. Sie werden statt in Tinte in flüssiges Wachs getaucht oder vor dem Einstecken in einen Wachsbrocken über einer Kerzenflamme erhitzt. Man kennt die einen wie die andern als *Pisanki* (= geschrieben).

Also, mit Wachs (½ Bienenwachs, ½ Stearin) belegt, wird das Ei in ein Farbbad gebracht – im Fachhandel gibt es dafür besonders geeignete Farben –, wo man es solange liegen lässt, bis es den gewünschten Ton angenommen hat. Nur oberflächlich haftende Farbe wird dann mit kaltem Wasser weggespült.

Der nun folgende Arbeitsgang ist der beglükkendste; denn nun erweist sich, ob wir Brauchbares geleistet haben: Bei niedriger Hitze im Ofen oder über einer Kerzenflamme wird das Wachs weggeschmolzen, und zum Vorschein kommt unser Werk, ein zweifarbiges Ornament. Grosse Könner schaffen es, zehn und mehr Farbtöne auf einem einzigen Ei unterzubringen, wobei sie vom hellsten Ton stufenweise zum dunkelsten gelangen. Die gewünschte Farbe wird stets mit Wachs neu abgedeckt. Das Beispiel einer Reihenfolge: weiss – hellrosa – altrosa –

orange – rostrot – schwarz. Der Leierschwanzvogel auf Paula Künzlis Gänse-Ei ist mit dieser Farbfolge gearbeitet.

Welcher der beiden Techniken (mit Stecknadeln oder Gänsefedern) wir uns auch verschrieben haben, zwei Bedingungen sind zu beachten:
– Die ausführende Hand über dem Ei ist so nahe als nur möglich an die Wachsquelle zu bringen; denn der Fluss stockt beim Erkalten des Tropfens sehr schnell, und lauwarmes Wachs haftet so schlecht, dass beim nachfolgenden Bad die Farbe unter die Zeichnung rinnt und sie verdirbt.
– Zum Batiken muss sehr viel Zeit vor uns liegen. Kaum eine andere Technik beschert uns zwar mit geringem Zeitaufwand so schnell brauchbare Ergebnisse, doch lohnt sich der Aufbau des ganzen Requisiten-Brimboriums nur dann, wenn wir uns für Stunden unserer Arbeit hingeben können.

Batikeier brauchen nicht lackiert zu werden.

Ein zweites Verfahren besteht im *Auftragen von Wachs,* wobei fast ausschliesslich mit Stecknadelköpfen und zugeschnittenen Federn gearbeitet wird. Die Variationsmöglichkeiten sind Legion, schon darum, weil sich das unscheinbare Naturwachs unter Zusatz von Farbstoffen zu herrlichen Farbtönen verarbeiten lässt. Helles Wachs auf dunkel getönte Eier, dunkles Wachs auf helle Eier.

Schliesslich kann mit farbigem Wachs auf ähnliche Weise verfahren werden wie mit andern *Knetmassen.*

S. 101 D
35, 37, 44
36

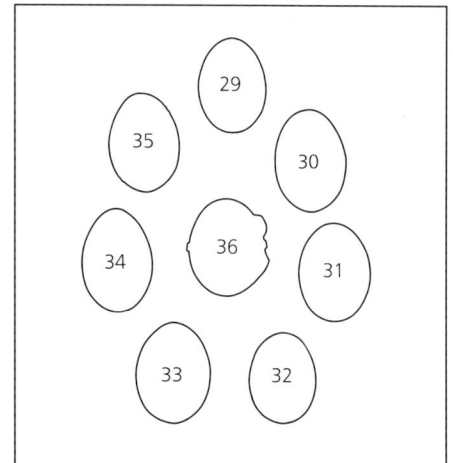

29
Katharina Bütikofer, 1943
Bern (CH)
Seminarlehrerin (Zeichnen)

30
Auguste Mann, 1908
Mardorf (BRD)
Eiermalerin, Hausfrau

31
Erika Ineichen, 1942
Oftringen AG (CH)
Sekretärin, Hausfrau

32
Jorge Serathiuk, 1949
Curitiba-Paraná (Brasilien)
Freischaffender Künstler (Ukrainer)

33
Ellena Wintoniak, 1936
München (BRD)
Hausfrau (Ukrainerin)

34
Carola Maila Bänziger, 1931
Zollikerberg ZH (CH)
Malerin, Kunstgewerblerin, Sekretärin

35
Erwin Daepp, 1938
Schüpfen BE (CH)
Sekundarlehrer

36
Elisabeth Erlenmeier, 1941
VS Schwenningen (BRD)
Fachlehrerin für Werken und
bildhaftes Gestalten

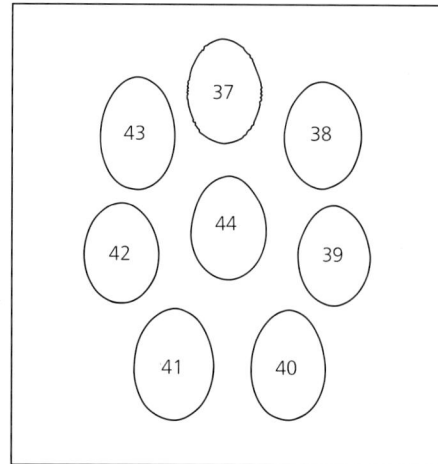

37
Gisela Weimer, 1922
Steffenberg-Steinperf (BRD)
Strumpfstrickerin, Hausfrau

38
Elisabeth Schlunegger, 1934
Stettlen BE (CH)
Primarlehrerin, Hausfrau

39
Katharina Käser, 1947
Schüpfen BE (CH)
Hauswirtschaftslehrerin, Hausfrau

40
Lenchen Hänsel, 1922
Kassel (BRD)
Hausfrau

41
Elisabeth Stähli, 1944
Schüpfen BE (CH)
Dipl. Kaufmann, Bäuerin, Hausfrau

42
Marguerite Leuenberger, 1928
Schüpfen BE (CH)
Hausfrau

43, 44
Brigitte Raab, 1936
Frankfurt a. M. (BRD)
Pat. Lehrerin, Übersetzerin, Dolmetscherin,
Kursleiterin, Hausfrau

Von der Arbeit mit der Schere

Ein Stück Papier (nicht grösser als das Ei, das wir verzieren wollen), eine zugespitzte, feinst geschliffene Schere – und schon können wir ans Werk gehen! Wer da meinte, ein Scherenschnitt sei nur einer, wenn er schwarz auf weiss ausgeführt ist, der wird sich freuen über die mannigfachen Möglichkeiten der Gestaltung, die sich hier zeigen.

Papierschnitt
Ein gefärbtes Ei belegen wir mit mehreren Reihen von Dreiecken aus Goldpapier, zum Beispiel, wobei jede Reihe von der Mitte her um ein weniges schmaler geschnitten werden muss als die vorangehende, so wie es die Rundung des Eis verlangt.

Faltschnitt
Das Papier wird in der Mitte gefalzt, so dass beim Schneiden zwei gegengleiche Motive entstehen. Die meisten klassischen Scherenschnitte sind nach
46, 49, 50 diesem System gearbeitet.

Der eigentliche Scherenschnitt
Das Ornament wird frei ins Papier geschnitten ohne
47 Spiegelgleichheit

Faltschnitt mit Unterlage

Der Schnitt folgt nicht bloss den Konturen der Zeichnung, sondern «höhlt» bestimmte Partien des Motivs nachträglich aus, die schliesslich mit farblich kontrastierendem Papier unterlegt werden.
Zum Beispiel: rotes Ei – schwarzer Schnitt – weisse
49 Unterlage.

Dreidimensionaler Scherenschnitt

Nur der «rückwärtige Teil» des Schnittes – dafür besonders geeignet sind Blüten und Pflanzen – wird aufs Ei geklebt. Was absteht, wird mit Hilfe einer grossen Stecknadel in die gewünschte Stellung
45 gebracht und mit Sprühlack versteift.

Faltschnitt mit Schriftzug

Durch die Spiegelwirkung wird selbst die Kurrent-
46 schrift zum Ornament.

Faltschnitt mit Stanniolpapier

Süssigkeiten werden oftmals in farbiges Stanniol-
papier eingewickelt, das sich durchaus auch eignet, ein Ei mit einem Faltschnitt zu verschönen.
Es braucht allerdings geschickte Finger dazu!
Nur: Wer zwei linke Hände hat, der setzt sich wohl
51 ohnehin nicht hinter ein Osterei.

Collage

Zwar wird auch hier mit der Scherenschnittschere hantiert, doch werden mit ihr keine Bildinhalte mehr hervorgebracht. Kleinformatige, alte Drucke und andere Miniaturbildchen werden in längsgerich- tete Streifen geschnitten, nachdem das Ei von oben bis unten und «um den Bauch herum» ausgemes- sen und die Masse aufs Papier übertragen worden sind. Dies erfordert Präzision, vor allem wenn wir menschliche Gesichter verwenden: Kein Ohr darf verlorengehen, kein Nasenspitzchen, und kein Mund darf zu klein geraten. 48

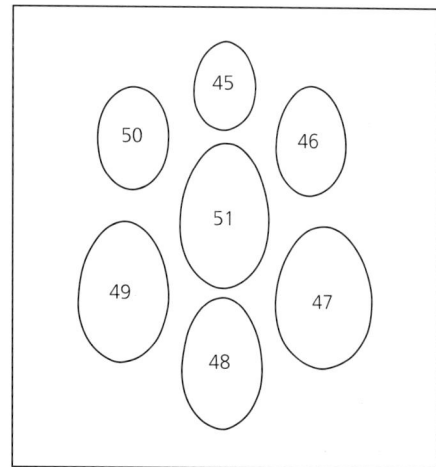

45
Carla van Soest, 1920
Bunschoten (NL)
Künstlerin, Hausfrau

46
Maria Stevens, 1922
Nieuwegein (NL)
Kunstgewerblerin, Kunstpädagogin, Hausfrau

47
Olga Schwaninger, 1924
Schaffhausen (CH)
Kunstgewerblerin, Hausfrau

48
Eve Werren, 1941
Muri BE (CH)
Krankenschwester, Hausfrau

49
Annelore Fässler, 1915
Zürich (CH)
Kindergärtnerin, Kunstgewerblerin, Hausfrau

50
Ulrich Hofer, 1952
Trimstein BE (CH)
Bäcker-Konditor, Fachlehrer, freischaffender
Künstler

51
Annemarie Flückiger, 1945
Kirchlindach BE (CH)
Primarlehrerin, Hausfrau

Zeichnen mit Filzstift und Tusche

Nichts leichter als das! Bloss: Man muss zeichnen können ...

Mit Hilfe von Tuschfeder und Pinsel lassen sich
58 die elegantesten Zeichnungen in Schwarz und
Weiss aufs Ei bringen, und niemand hindert uns
daran, sie bei Lust und Laune im nachhinein zu
53,56 kolorieren, mit Wasserfarben, Farb- oder Filzstiften.
Der sehr kommode Tuschefüllhalter eignet sich
leider nicht, weil kleinste Kalkteilchen, die sich beim
Zeichnen von der Eischale lösen, den Abfluss
verstopfen.

Die Balinesen, deren Eier nichts mit Ostern 52, 57
gemein haben, verzieren sie zu kultischen Zwecken,
verdünnen die Tusche und bringen damit die nöti-
gen Schattierungen in ihre Kunstwerke, oder sie
kolorieren ihre Federzeichnungen mit Wasserfarben.
Wer eine kräftige Strichführung schätzt, greife
getrost zum Filzstift. Seine leicht zerfliessenden 54
Konturen wirken angenehm weich und schmiegen
sich förmlich dem Ei an.

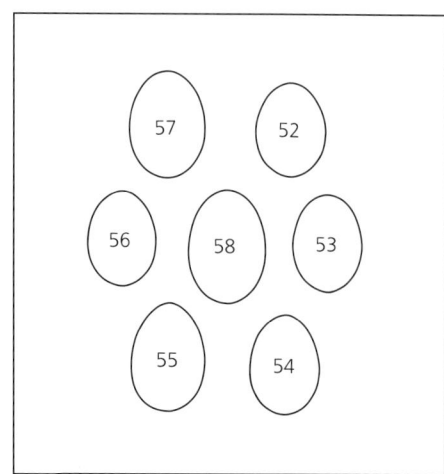

52
Made Zupa, 1957
Gianyar (Indonesien)
Reisbauer, Kunstmaler
(Tuschzeichnung, aquarelliert)

53, 56
Helena Vinčálková, 1928
Bern (CH)
Hausfrau (Ukrainerin)
(Filzstift)

54
Erwin Daepp, 1938
Schüpfen BE (CH)
Sekundarlehrer
(Filzstift)

55, 58
Jörg Friedrich, 1948
Bern (CH)
Boutiquebesitzer
(Tuschzeichnungen)

57
Malen Nyoman, 1957
Gianyar (Indonesien)
Reisbauer, Kunstmaler
(lavierte Tuschzeichnung)

Mit Säure ätzen

Stets haben wir in irgendeiner Weise Farbe auf unsere Eier aufgetragen. Für einmal tun wir das Gegenteil: Wir bringen Farbe zum Verschwinden! Mit Hilfe eines feinen Pinsels, eines zugeschnittenen Federkiels oder eines spitzen Hölzchens zeichnen oder malen wir mit einer ätzenden Flüssigkeit Ornamente auf die gefärbte Eischale, die wohl kräftige Töne, nicht aber zu dunkle Farben aufweisen darf, weil die Säure sonst zuwenig sichtbar angreift. Sind die Eier zum Verzehr bestimmt, verwenden wir Zitronensaft oder Essig als Malmittel. Verzieren wir Sammeleier, darf auch zu verdünnter Salzsäure gegriffen werden. Schäumt das Ei, wenn wir es mit der Flüssigkeit in Verbindung bringen, muss diese verdünnt werden. Zeichnet sie kaum, ätzen wir ein zweites Mal. Mit Säure lässt sich wie mit Wasserfarben malen. Verwenden wir zugespitzte Hölzchen, kann es geschehen, dass ein Tropfen Säure aufs Ei fällt: Er muss sofort mit der Spitze eines Löschblattes weggesaugt werden. Überhaupt bemühen wir uns, überflüssige Säure mit einem saugfähigen, weichen Baumwollappen wegzutupfen, sobald die Zeichnung befriedigt.

Höchst reizvolle Ergebnisse lassen sich mit Säure auch erzielen, wenn wir die Zeichnung mit fliessendem Wachs auf die Eischale bringen, wie wir dies bei Batikarbeiten tun. Was unbedeckt bleibt, wird sodann mit verdünnter Säure (Säure zu Wasser im Verhältnis von 1 zu 1) weggeätzt. Ist schliesslich auch der Wachsauftrag weggeschmolzen, erfreut uns ein feines Relief, das noch stärker zur Geltung kommt, wenn wir getönte Natureier verwenden, 64 vor allem die bräunlichen Gelege verschiedener Hühnerrassen.

Wen die Vertiefungen eines Reliefornamentes zuwenig befriedigen, der kann mit unverdünnter Salzsäure dem Ei buchstäblich auf die Pelle rücken! S. 153 C, D Das Ornament wird mit Wachs oder säurefestem Abdecklack überarbeitet, das Ei in ein Glas gelegt und mit Säure bedeckt. Da liegt dann weder ein Schwätzchen mit der Nachbarin noch ein Telefongespräch mit der Freundin drin – unser Ei muss im Auge behalten werden! Ist die Säure «jungfräulich», d. h. ist sie noch nie gebraucht worden, hat sie sich in etwa einer halben Stunde bereits durch die Kalkschale gefressen – bis auf die Haut, die sodann mit einer spitzen Pinzette sorgfältig herausgeklaubt wird. Resultat: ein Spitzenei, eine St. Galler Spitze aus Kalk!

Achtung: Mundschutz und Gummihandschuhe sind zu verwenden, Überkleid und Holzschuhe anzuziehen. Ein unverhoffter Säurespritzer brennt höllisch auf der Haut und ätzt Löcher ins Gewebe. Überdies ist es ratsam, dieses Geschäft zur warmen Jahreszeit im Freien, auf dem Balkon zu besorgen, denn die entstehenden Dämpfe greifen Metall an. Was haben wir gewonnen, wenn ein paar Wundereier im Körbchen liegen, aber unsere Küche renoviert werden muss?

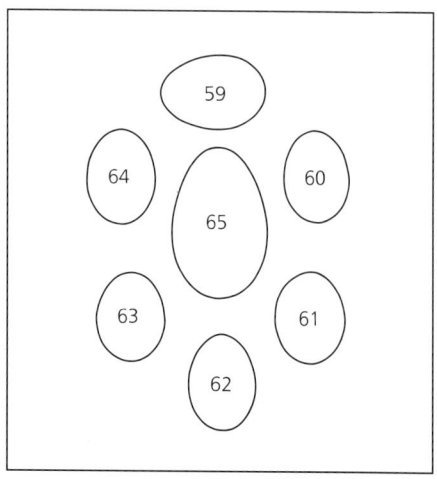

59, 64
Emilie Swoboda, 1941
Thalwil ZH (CH)
Kaufmännische Ausbildung, Hausfrau
(Ätzen über Wachsauftrag)

60–63, 65
Madeleine Meier, 1938
Köniz BE (CH)
Keramikerin, Kunstgewerblerin (Holzbemalen)
(Ätzen mit Pinsel und Säure)

Auch Stroh lässt sich verwenden

In Mähren, in einer Gegend mit dem zärtlichen Namen «Kleine Hanna», leben die grossen Könner im Stroheierschmücken. Doch auch bei uns finden sich Liebhaber dieser Technik, die in ihren Ergebnissen das eine Mal an Patchwork, das andere Mal an alte Mosaiken erinnern.

Ein dunkel gefärbtes Ei, ein paar junge getrocknete Weizenhalme – viel mehr ist nicht vonnöten, sich ans Werk zu machen! Zwischen Zeige- und Mittelfinger gelegt, wird der Strohhalm mit dem Daumen auf seine Biegsamkeit geprüft und mit Messer oder Scherenspitze aufgeschlitzt. Der Halm öffnet sich, wenn wir ihn von beiden Seiten her in kochendes Wasser tauchen. Nun wird er auf der Innenseite mit dem Messer ausgeschabt, bis er sich ringelt. Nicht zu forsch vorgehen, sonst reisst der Halm! Allzu feine Halme überstreift man leicht mit dem Messerrücken, um sie dann mit Schmirgelpapier zu glätten.

Mit einer Nadelspitze wird ein winziges Tröpfchen Weissleim aufs Ei getupft und das zugeschnittene Strohteilchen aufgeklebt und auf den Leim gedrückt. (Sollte am Rand etwas Leim austreten, ist er unverzüglich mit dem Finger wegzutupfen.) Nur kleine Partien lassen sich aufs Mal bearbeiten.

Das Ei wird mit einem Stück Nylonstrumpf überzogen, der Strumpf auf der Rückseite zusammengedreht, so dass die Strohpartikel der Schale satt aufliegen.

Die beiden Eier von Heidi Jäggi sind Collagen aus 67, 70 Strohgeflecht, von ihr eigenhändig gearbeitet.

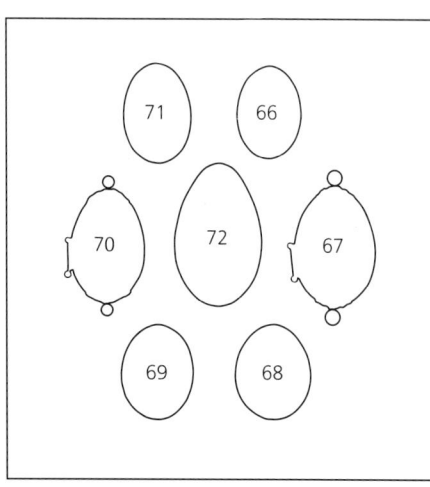

66, 71
Elisabeth Mischkin, 1919
Isernhagen (BRD)
Kirchenmusikerin, Hausfrau

67, 70
Heidi Jäggi, 1921
Bern (CH)
Hausfrau

68
Erika Stähli, 1935
Adliswil ZH (CH)
Hausfrau

69
Margrit Ziltener, 1941
Untersiggenthal AG (CH)
Hausfrau

72
Lotte Brunner, 1919
Landshut (BRD)
Hausfrau

Auf Glas und mit Glas

75,76 An *geschliffene Glaseier* sich zu wagen – daran ist kaum zu denken, denn mit einem Schleifrad umzugehen, erfordert jahrelange Ausbildung und Übung.

79 Ein gläsernes Ei hingegen mit *Emailfarben* zu verschönern, ist keinem verwehrt, der zeichnen und malen kann.

Kaum Probleme entstehen auch, wenn wir unser

74 Ei mit *Glasperlenschnüren* bekleben. Die erste und die letzte Perle, die wir auf den Nylonfaden aufziehen, werden in den beiden Ausblaslöchern verleimt. Ist das Ei vollständig beklebt, spannen wir ein Stück Nylonstrumpf über das Gebilde und drehen es satt zusammen, um jede einzelne Perle unverrückbar an die Schale zu pressen.

Etwas mehr Handfertigkeit und Einfallsreichtum

77 erfordert ein *Perlengewirk:* Jede einzelne Reihe wird in ihrer Höhe abgeschlossen (also nicht wie beim Häkeln in einer Spirale gearbeitet). Grundlage des Netzes bildet eine etwa zweifrankengrosse Rosette, die ans stumpfe Ende des Eis geklebt wird. Nun wird Maschenreihe um Maschenreihe angefügt, wobei die Zahl der Perlen gegen die Mitte zu- und gegen die Spitze abnimmt, entsprechend der Rundung des Eis. Das Perlengewand, eine Massarbeit, ist dem Ei gewissermassen auf die Haut gepasst und sitzt dank der festgeklebten Bodenrosette so tadellos wie eine Teenager-Röhrchenhose.

Die allerschönsten Resultate, dünkt mich, lassen sich erzielen, wenn wir die *Perlen als Mosaik* in eine Wachsschicht einlegen.

Die Unterlage kann auf zwei Arten aufs Ei gebracht werden:

– Wir schmelzen Bienenwachs auf heissem Wasser, um die schwimmende Schicht dann mit dem Ei aufzunehmen.

– Klebwachs (der im Fachgeschäft – zum Festhalten der Kerzen im Ständer – zu kaufen ist) wird mit Daumen und Zeigefinger weich geknetet und partienweise etwa 1 mm dick aufs Ei aufgetragen. Wenn die ganze Schale damit überzogen ist, gleichen wir Unebenheiten mit leichtem Daumendruck aus: Ist die Wachsschicht zu dünn, haftet die Perle auf die Dauer nicht; ist sie zu dick, verliert sie sich im Wachs. Liegen die Perlen aber zu zwei Dritteln im Wachs eingebettet, so tun sie es «für alle Ewigkeit».

Als Hilfsmittel zum Anbringen eines Ornamentes empfehle ich einen farbigen Seidenfaden; denn auf solcher Wachsschicht kann natürlich nicht gezeichnet werden. Der Seidenfaden wird um das Ei über die längste Linie geführt und nach dem Verlegen der ersten Reihe unserer Perlenbordüre wieder entfernt. Den Mittelpunkt einer Rosette bezeichnen zwei Fäden, die übers Kreuz gelegt und exakt ausgemessen werden.

Die Perlen werden mit einer Tapezierernadel (doppelt so gross wie eine Stecknadel, kräftiger, spitz zulaufend und mit markantem Glaskopf) aufgeklebt und ins Wachs gedrückt. Perle muss ohne Zwischenraum neben Perle stehen. Die weiche Substanz dringt auch ins Loch der Perle ein und hält sie fest. Mit der Zeit erhärtet das Wachs und bildet zusammen mit den Glaskügelchen eine unvergleichliche Schutzschicht für das Ei.

Perlenverlegen ist eine ebenso beglückende Beschäftigung wie Gobelinsticken! Und – o Wunder! – wir müssen weder zeichnen noch malen können. Das schlichteste Ornament in ansprechenden Farbtönen, mit Präzision ausgeführt, ergibt eine kostbare Miniatur.

Wer weiss, vielleicht liegt irgendwo noch das perlenbestickte Theatertäschchen aus Tante Olgas Nachlass, dessen altersschwache Seidenfäden die Rosen, Vergissmeinnicht und Herrgottskäferchen nicht mehr zu halten vermochten. Trennen wir es auf – anmutigere Perlen für unser Kleinod lassen sich kaum finden!

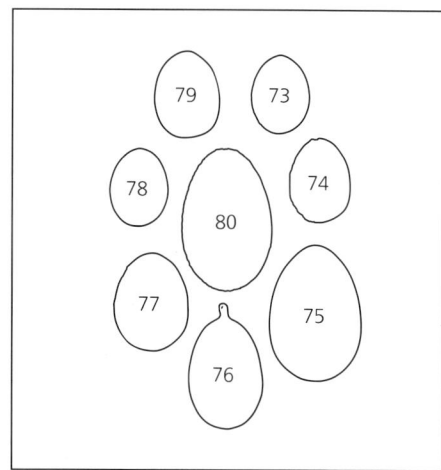

73, 78
Sigrid Karlen, 1948
St. Gallen (CH)
Hausfrau
(Perlenmosaik)

74, 77
Waltraud Ambühl, 1939
Allschwil BL (CH)
Hausfrau
(Perlenwirkerei)

75
Lieslott Walz †
Bern (CH)
(Glasschliff)

76
Arnulf Gautsch, 1953
Hitzkirch LU (CH)
Glasschleifer, Kunstglaser
(Glasschliff)

79
Nelli Friedrich, 1919
Bern (CH)
Boutiquebesitzerin
(Emailmalerei auf Glas)

80
Heidi Haupt-Battaglia, 1921
Zollikofen BE (CH)
Kunstgewerblerin, Hausfrau
(Perlenmosaik)

Aus dem Kräutergarten

An Teichufern und feuchten Waldwegen wachsen
Binsen, ein knotenloses Röhrichtgras, das zur Osterzeit ein lockeres, sandfarbenes Mark enthält, das
sich mit Hilfe von zwei Stecknadeln herausholen
lässt: Sie werden übers Kreuz ans obere Ende des
Halms gesteckt und mit sanftem Druck nach unten
geschoben, wobei das Gras zwischen Mittel- und
Zeigefinger der linken Hand festgehalten wird. Gehen wir beim Aufschlitzen des grünen Grasmantels
sorgfältig zu Werk, so gelingt es meist, das Mark
in seiner vollen Länge unversehrt herauszulösen.

86 Diese Schnüre werden nun unvermischt oder im
Verein mit bunten Woll- oder Seidenfäden in
schlichten Kreisen oder in Zickzackführung aufs Ei
geklebt. Als Werkzeug dient eine feine ausgediente
Injektionsnadel, die sich an ihrem verdickten Ende
bequem anfassen lässt. Am besten gelingt die
Arbeit mit frischem Mark. Fällt die Binsenernte zu
gross aus, als dass wir sie aufs Mal aufbrauchen
könnten, legen wir die hopfenleichten Schnüre
beiseite und tauchen sie bei späterer Verwendung
in lauwarmes Wasser.

Ist das Ei von seinem luftigen Mäntelchen einge-
hüllt, bleibt uns nichts anderes zu tun, als es con
amore zu behandeln; denn wer von so spinnweben-
feiner Bauart ist, verträgt verständlicherweise
keinen groben Zugriff.

Nicht viel gewichtiger als Binsenmark sind *ge-
presste, getrocknete Pflanzen.* Sie werden auf der
Rückseite mit Hilfe eines feinen Pinsels oder einer
Injektionsnadel mit Leim bestrichen, der nicht näher
als 1 mm an die Ränder geführt wird. Hat der Leim
leicht angezogen, heften wir das Pflänzchen von
der Wurzel oder vom Stiel her aufs Ei. Mit einem
Stück Nylonstrumpf, das wir durch Zusammen-
drehen auf der pflanzenfreien Seite über das Gebilde
spannen, erwirken wir einen tadellosen «Sitz» des
delikaten Werkleins. Mit Lack besprüht, darf es
getrost in die Sammlung aufgenommen werden.

81–85, 87, 88

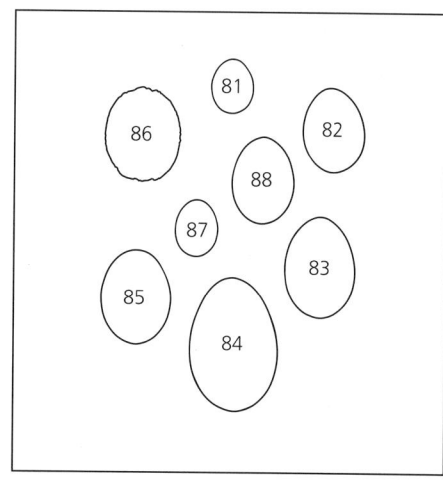

81–85, 87, 88
Elfriede Heumann, 1929
Bad Vilbel-Dortelweil (BRD)
Hausfrau
(mit Presspflanzen)

86
Fritz Lenz, 1932
Cölbe (BRD)
Hotelier, Volkstanzlehrer
(mit Binsenmark)

Mit Seide, Faden, Garn

Es kann in diesem Buch nicht darum gehen, die verschiedenen Handarbeitstechniken, mit denen auf den abgebildeten Beispielen gearbeitet worden ist, einzeln zu erläutern. Ist es aber nicht erstaunlich, wie vielfältig sich Garn, Seidenfäden und Gewebe zum Schmuck von Eiern verwenden lassen?

Gehäkelt ist eines der Röckchen, zwei andere be- 95
stehen aus *Frivolité-Spitzen,* anderswo Occhi (italie- 90, 94
nisch: Augen) oder Schiffchenspitze genannt, und
eines ist gar mit einer Unzahl hölzerner *Klöppel* 91
gewirkt. Eine Miniatur aus besticktem Netzgewebe,
unter dem Namen *Filet* bekannt, ziert ein dunkles 92
Hühnerei. Schliesslich sind da noch zwei *Collagen*
zu sehen, die eine mit bunten Baumwollgarnen aus- 93
geführt, die andere zaubert mit zarten Seidenfäden 89
eine mondscheinüberhauchte Landschaft hin.

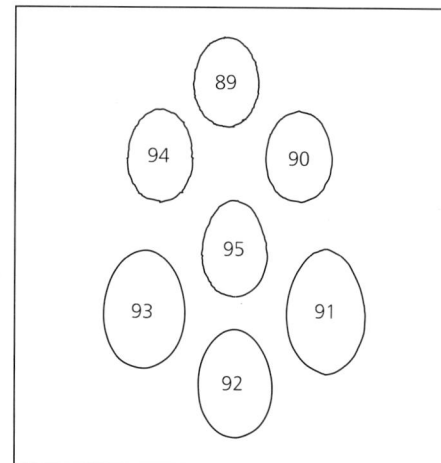

89
Verena Jufer, 1944
Döttingen AG (CH)
Primarlehrerin, Hausfrau
(Seidenfaden-Collage)

90, 94
Waltraud Naumer, 1926
Ludwigshafen (BRD)
Referentin für Spitzen, Hausfrau
(Schiffchenspitze)

91
Andrée Streckeisen, 1935
Basel (CH)
Hausfrau
(Klöppelspitze)

92
Katrin Büeler, 1947
Stans NW (CH)
Hausfrau
(Filetstickerei)

93
Ruth Stauss, 1948
Döttingen AG (CH)
Hausfrau
(Garncollagen)

95
Doris Meinecke, 1943
St. Gallen (CH)
Krankenschwester, Hausfrau
(Häkelarbeit)

Backwerk

Auf einer reichen Tradition aufbauend, schafft Ludmilla Stepanek, die Enkelin eines Bäckermeisters aus Mähren, ihre wunderschönen österlichen Teiggebilde, die sie zumeist um ein naturfarbenes Ei herum drapiert. Nach dem genauen Rezept für ihr frommes Gebäck gefragt, meint sie: «Je nach Stimmung und beabsichtigter Wirkung verwende ich einmal dies und einmal das.» Auf einem «Einmal dies» habe ich sie dann festgenagelt; denn mit Teig zu fabulieren, hat seine Tücken!

Zu einem Pfund Mehl mischt sie eine Prise Salz und zwei Prisen Zucker. Zwei zerklopfte Eier kommen hinzu und so viel Wasser, dass ein handfester Teig entsteht, der so lange geknetet wird, bis er geschmeidig ist und sich leicht ausrollen lässt. Mit einem scharfen Messer werden nun etwa 4 mm dicke und 8 mm breite Streifen zugeschnitten, die sie zu kunstvollen Ornamenten und so zurechtbiegt, dass sich ein ungekochtes Ei darin wohl fühlt und nicht von dannen kollert. Um ganz sicherzugehen, dass die teigigen Bänder das Kleinod behüten, steckt sie an kritischen Berührungspunkten statt metallener Nägel ein paar Nelkenköpfchen ein, die damit als Garnitur eine zusätzliche Funktion erhalten.

Je nach Stimmung – siehe oben – werden als Verzierung noch kleine Löcher gestupft und das Ganze mit Rahm oder verdünntem Eigelb bepinselt. Nach dem Backen kann das Gebilde als «immerwährende Osterdekoration» gebraucht und dann beiseite gelegt werden. Sollte aber ein unmässiges Hungergefühl über die Festgemeinde kommen, ist es denkbar, dass Ei wie Verbrämung den Weg alles Irdischen gehen. Ludmilla Stepanek legt Wert auf die Feststellung, dass ihr Kunstgebäck nicht aus Salzteig besteht.

Holz: gefräst, gebohrt, gekerbt

Gefräst und gebohrt

So schlicht und einfach sich das Eilein von Therese   97
Reist ausnimmt, so vielschichtig ist der Arbeitsvor-
gang: Da ist einmal der Drechsler, der die Rohform
liefert. Eine Zeichnung wird angebracht, die Rillen
fräst ein 3 mm dickes Stahlblatt, und die Löcher
schaffen drei verschieden grosse Bohrer. Mit einem
zugespitzten Schleifstein werden sie nachgeschlif-
fen. Innen und aussen wird das Ei nun mit Schleif-
papier geglättet und bekommt durch Holzbeize die
gewünschte Farbe. Die erste Lackierung muss feiner
Bläschen wegen wieder geschmirgelt werden, und
erst die zweite vollendet den Arbeitsgang.

Gekerbt

Auch Marie Reusser beschafft sich das Rohmaterial   98, 99
vom Drechsler, es stammt hier von Ahorn und Nuss-
baum. Nach der Skizze, die sie mit Bleistift anbringt,
schnitzt sie das Muster mit einem besonderen Kerb-
schnittmesser ins Holz, bestreicht das Ei mit Grund-
lack, färbt es mit Holzbeize, poliert es mit Schleif-
papier und reibt es schliesslich mit Bienenwachs ein
oder bepinselt es mit Mattlack.

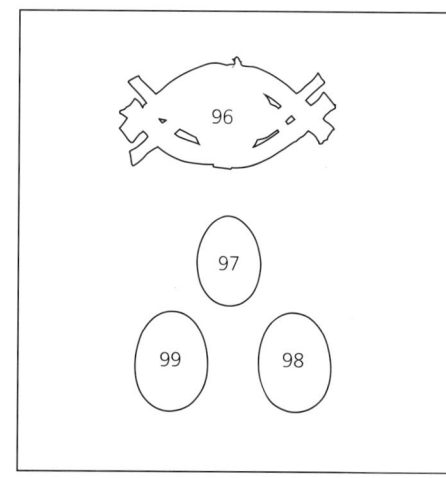

97
Therese Reist, 1958
Balsthal SO (CH)
Sigristin, Hausfrau
(gefräst und gebohrt)

98, 99
Marie Reusser, 1920
Bremgarten BE (CH)
Wirtin, Hausfrau
(gekerbt)

96
Ludmilla Stepanek, 1945
Garmisch-Partenkirchen (BRD)
Malerin, Grafikerin, Kunstbäckerin

Holz: gefräst, gebohrt, gekerbt

Eier aus Ton

Bei den keramischen Eiern, die ich hier zeige, sind nun samt und sonders, bis auf die Eier *einer* Künstlerin, Berufsleute am Werk gewesen, Menschen, denen man beim Schaffen wohl über die Schulter gucken darf, denen man aber, aus naheliegenden Gründen, nicht nachzueifern vermag. Um Sie dennoch nicht ungetröstet von dannen ziehen zu lassen, gebe ich ein paar andere Hinweise: Das helle 105 Ei mit Blütentuff stellt der Form nach zwar ein Ei dar, ist in Wirklichkeit aber ein Döschen. Von den gleichen Künstlern stammt auch das kleine Ei mit

dem Blütenstern. Das freche Piepsvögelchen am
Nestloch ist aus Ton geformt, seine Behausung hingegen ist ein waschechtes Wachtelei. Irène Heimberg modellierte den dezenten Rosenstrauss aus
Steinzeug, und das Ei, löcheriger als ein Emmentaler
Käse, kommt aus der Werkstatt von Ursula Ernst.
Der Phönix mit der Rose im Halsausschnitt ent-
stammt den Händen einer Künstlerin, deren zauber-
haft-verspielte Wandbilder in ungezählten öffent-
lichen und privaten Häusern hängen.

104, 103

101

100

102

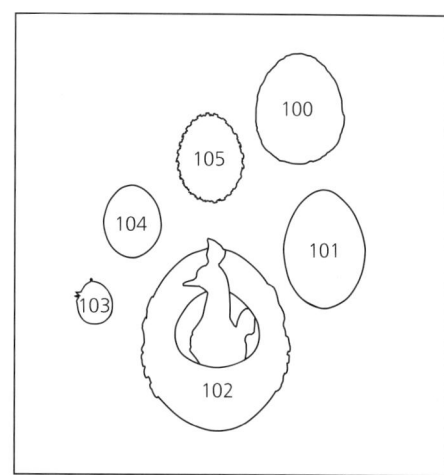

100
Ursula Ernst, 1955
Vevey VD (CH)
Keramikerin

101
Irène Heimberg, 1940
Bolligen BE (CH)
Dipl. Reitlehrer
(Steinzeug)

102
Soshana Kneubühl, 1938
Niederscherli BE (CH)
Keramikerin, Hausfrau
(Steinzeug)

103
Gisela Christener, 1953
Oberburg BE (CH)
Keramikerin
(Natur-Wachtelei mit Keramik-Vögelchen)

104, 105
Doja und Walter Blapp, 1932 bzw. 1924
Oensingen SO (CH)
Keramikerin bzw. Keramiker,
freischaffender Künstler
(105 = Keramikdöschen)

Als ob es Marmor wäre

So einfach sich die folgende Anleitung anhört, so trickreich mutet das Marmorieren in der Praxis an; denn – wen ich auch danach fragte – nie kriegte ich wirklich klare Antworten. Einig waren sich alle in der Empfehlung: Ein jeder muss es selber ausprobieren! Eine Verziertechnik für Tüftler? Dem wird wohl so sein.

107, 112–114 Susi Fritschi und Elsbeth Schwarzer gehen ungefähr so vor: Mit zehn Gewichtsteilen Wasser und einem Teil Carrageen (Irländisch Moos) kochen sie ein Süppchen und verwenden dazu eine grosse Pfanne, weil sich viel Schaum entwickelt. Noch heiss wird das Gebräu durch ein feinmaschiges Sieb gegossen. Nach dem Abkühlen entsteht eine schleimige Flüssigkeit, in ihrer Konsistenz ähnlich dem Tapetenkleister. Die Brühe wird nun in eine tiefe

Schale gegossen und mit Ölfarbe, die mit etwas Terpentin verdünnt wurde, beträufelt. Es bildet sich augenblicklich eine dünne, schwimmende Farbschicht in welligen Linien, die mit einer Stricknadel durchgekämmt wird, um noch mehr Bewegung ins Bild zu bringen. Soll das Muster sehr reich werden, können zusätzliche, farblich kontrastierende Ölfarbtropfen beigefügt werden.

Eine dünne Stricknadel wird nun durch die beiden Ausblaslöcher des Eis gestossen, an beiden Enden gefasst und das Ei mit sanftem Druck durch den Farbfilm getaucht, der die Eischale im gleichen Augenblick umschliesst. Mit kaltem Wasser wird nachgespült. Und das gut getrocknete Ei kann (muss aber nicht) lackiert werden.

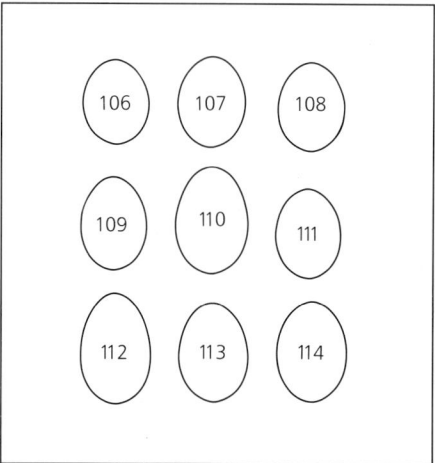

106, 108
Annemarie Lüdi, 1943
Gümligen BE (CH)
Seminarlehrerin

107
Susi Fritschi, 1942
Schüpfen BE (CH)
Primarlehrerin, Hausfrau

109–111
Inge Ullner, 1936
Glonn (BRD)
Wirtschaftsleiterin

112–114
Elsbeth Schwarzer, 1951
Langnau i. E. BE (CH)
Primarlehrerin, Hausfrau

Volkstümliches Eierschmücken

Wenn die ersten Zytröseli (Huflattich) mit ihren Strahlengesichtchen unter letztjährigem Laub hervorzünden, wenn den Amseln vor lauter Seligkeit fast die Kehle zerspringt, da kribbelt es uns Ostereierleuten in den Fingerspitzen! Weil das Osterfest bisweilen recht früh ins Jahr fällt, heisst es, sich beizeiten umzusehen nach den ersten Kräutern und Blättchen, mit deren Hilfe wir kleine Kunstwerke für den Festtagstisch bereiten wollen.

Als ich noch ein Kind war, wurden die Pflänzchen und Blüten mit Bindfaden auf dem Ei befestigt, und manches ungeduldige Wort und mancher Verzweiflungsseufzer wurden mit eingebunden, denn es war kein Kinderspiel, das Blattwerk auf den Rundungen des Eis festzuhalten. Sass das Gebilde endlich unverrückbar auf der Schale, war dies noch keine Garantie für ein gelungenes Werk, denn nicht nur die Labkrautrispe zeichnete sich nach dem Farbbad ab, sondern natürlich auch das Gewirr der Fäden. Wie glücklich waren wir Ostereierköchinnen dann, als die Nylonstrümpfe – kurz nach dem Zweiten Weltkrieg – auftauchten und schliesslich auch erschwinglich wurden. Lohnte sich das Fallmaschen-Aufnehmen nicht mehr, zerschnitt man die Strümpfe in dienliche Rechtecke und bespannte damit das Ei, nachdem man die leicht angewelkten Pflänzchen mit Hilfe einer Stecknadel oder eines Zahnstochers auf der Schale angeordnet hatte. Das

Nylongewebe wurde auf der Eirückseite zusammengedreht, dann abgebunden und, was überflüssig
war, weggeschnitten.

Also präpariert, legte man diese Paketchen in
einer Lage in den abgesiebten Sud von Zwiebel-
schalen (eine Handvoll auf zwei Liter Wasser) oder
bunten Hölzern und liess sie so lange kochen, wie
man das Innere des Eis eben zubereitet haben
wollte; denn diese Eier waren ja ausschliesslich zum
Verzehr bestimmt.

Aus der Umhüllung gepellt, wurden die Eier im
kalten Wasser abgeschreckt und nach Belieben mit
ölgetränktem Lappen oder einer Speckschwarte
geglänzt.

So ging man damals – kurz nach dem Zweiten
Weltkrieg – vor, und so macht man es noch heute.
Schneller, erfolgsicherer geht es nicht!

Am Ostermorgen wird ein gut Teil des Segens
in die Nestchen der Kinder verstaut, der Rest
kommt zwischen Moospolster und Primelsträuss-
chen in eine gefällige Schale, Mittelpunkt der festlichen Tafel. Und dann wird über all die Feiertage hin
«getüpft», wann immer zwei oder mehr Menschen
zusammensitzen und Hungergefühle verspüren:
«Po gegen Po», «Spitz gegen Spitz», zum Spass der
ganzen Tafelrunde. Gewonnen hat, wer am Schluss
noch ein unversehrtes Ei in Händen hält.

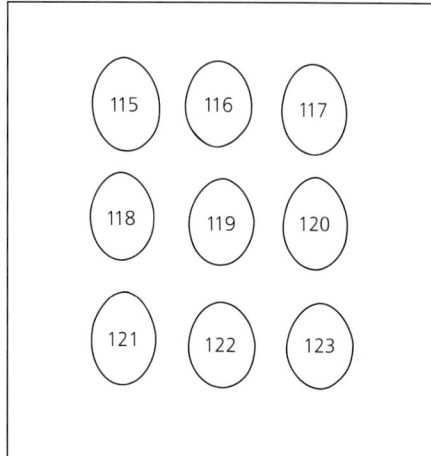

115–117
Künstler unbekannt (CH)

118–122
Heidi Haupt-Battaglia, 1921
Zollikofen BE (CH)
Kunstgewerblerin, Hausfrau

123
Fini Burkhardt †
Olten (CH)

Eiertradition im Solothurner Gäu

Viele schöne alte Volksbräuche lassen sich nur schwer bis zu ihren Wurzeln verfolgen, doch hier, im Gäu (Schweiz, Kanton Solothurn), könnte fast auf die Stunde genau angegeben werden, wann der Funke übersprang, wann das zur Tradition gewordene Eierverzieren begann – sofern das Erlenbabeli ein Tagebuch geführt hat. Doch hören Sie!

1817–1898

Barbara Oeggerli-von Arx:
Als ein Neuendörfler aus dem Solothurner Gäu auszog, die Welt zu erkunden, brachte er die Nachricht heim, in Deutschland sei er Leuten begegnet, die zur Osterzeit in gefärbte Eier gar liebliche Muster kratzten. Da liess die Tochter des Erlenbauers – man nannte sie das Erlenbabeli – nicht locker, bis auch sie diese Kunst beherrschte. Und wie sie mit dem Kratzmesser umging, das lehrte sie später auch ihre Tochter.

1856–1940

Theresia Heim-Oeggerli:
In der zweiten Generation hatte es sich schon weit im Gäu herumgesprochen, dass die Theresia im Tausch gegen zwei, drei Hühnereier eines ihrer Kunstwerklein abgab. Da kamen die Burschen und Mädchen rundherum aus den Dörfern mit ihren Bestellungen: Ranken und Rosen wurden gewünscht, Initialen oder weltliche und kirchliche Symbole waren unterzubringen. Am besten aber kamen bei den jungen Leuten die Sinnsprüche an, welche die Künstlerin in der malerischen alten deutschen Schrift in Herzen und Rosetten hineinzauberte:

> Rein wie die Quelle,
> hart wie der Stein,
> so soll unsere Liebe
> und Freundschaft sein.

Je nach dem Stand der Liebschaft wurden keineswegs etwa nur Zärtlichkeiten ausgetauscht. Manch ein hoffnungstrunkener Liebhaber wurde via Theresia-Osterei hart auf den Boden der Wirklichkeit gestellt:

> Sä, do hesch es Ei,
> gäl, du hätt'sch gärn zwöi?
> I wär ja wohl e Naar –
> mir zwöi gäbe doch kes Paar!

Das lose Völkchen! Nicht selten umspielte der Anfang des Spruches den Beschenkten mit gurrender Liebenswürdigkeit, um dann im zweiten Teil durch eine mutwillige oder gar freche Wendung Geschenk und Hoffnungen wieder zunichte zu machen:

> Sollt' ich Deiner je vergessen,
> soll mich gleich der Wauwau fressen!

1889–1981

Rosa Heim-Heim:

Auch sie, die man das Erlenröseli nannte, übernahm – in dritter Generation nun schon – die Gravierkunst von ihrer Mutter. Jahrzehntelang betrieb sie ihr mehr vergnügliches als lukratives Handwerk ausschliesslich zur Osterzeit, bis in den späten fünfziger Jahren Sammler aus der ganzen deutschsprachigen Schweiz, später gar aus halb Europa, mit Eierwünschen zu ihr kamen. Rosa Heim war längst selber Grossmutter geworden und hatte zu ihrem Leidwesen weder Tochter noch Sohn für ihr Steckenpferd begeistern können. Von 1957 an legte sie das Messer das ganze Jahr über sozusagen nicht mehr aus der Hand, und ich kenne keine namhafte Eiersammlung in unserem Land, in deren Grundstock nicht Erlenröselis Zauberwerklein zu finden wären. Ihr Werkzeug war ein altes Rasiermesser, wie sie die Barbiere in alter Zeit handhabten.

Am ersten Berner Ostereiermärit 1977 sass die frohmütige alte Dame munter hinter ihrem Eierkorb und zog ihre sicheren Striche noch ohne Brille. Erst ein halbes Jahr vor ihrem Heimgehen legte sie ihr Messer nieder, und nur wenn ihr hohes Alter ihr unbeschwerte Augenblicke schenkte, griff sie erneut in den Eiersegen, um die zerbrechlichen Gebilde mit ihren unverwechselbaren Girlanden zu schmücken. Ihr letztes – unvollendetes – Ei ist im Besitz ihrer Nachfahren, die sich stets uneigennützig in ihren Dienst gestellt hatten. Wie glücklich war Rosa Heim, dass das Familienerbe dann doch noch in junge Hände geriet: Die Tochter ihres Sohnes Max übernahm Kunstsinn und Technik.

1953

Ruth Lanteri-Heim:

Mit zehn Jahren versuchte sie sich an den ersten Eiern, streng, aber liebevoll von der Grossmutter geführt, und schon zwei Jahre später kauften Sammler auch ihre Werklein. Und Ruth Lanteri ist Mutter eines Töchterleins.

1984

Claudia Lanteri

heisst es, und die Grossmutter (die Frau des nicht Eier kratzenden Max) erzählt, das kleine Fräulein versuche bereits, feine Striche auf Eierschalen zu ziehen …

Die drei roten Eier stammen von Rosa Heim, die vier andern von ihrer Enkelin Ruth Lanteri-Heim.

126–128

124, 125, 129, 130

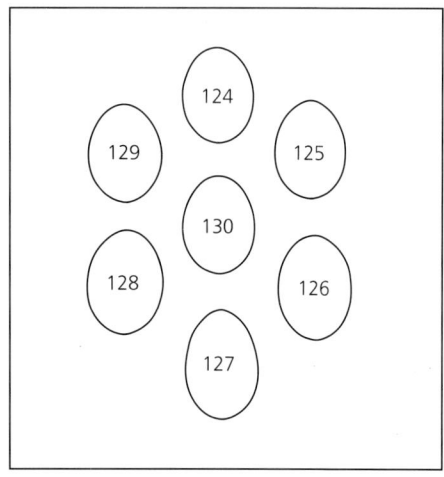

124, 125, 129, 130
Ruth Lanteri-Heim, 1953
Balsthal SO (CH)
Papeteristin, Hausfrau

126–128
Rosa Heim †
Balsthal SO (CH)

Ein gestelltes Thema:
Das Erdbeeri-Mareili

Meine Beziehung zu diesem Thema geht in meine früheste Kindheit zurück: Ein wunderbares Grossmüeti, wie ich es jedem Kind wünschen möchte, nahm mich schon als kleines Mädchen an die Hand, um mit mir in den Wäldern der nahen Umgebung nach Pilzen und Beeren zu suchen. Es ist heute, da die Pilzgründe bald ausgeplündert sind, fast nicht zu glauben, dass man sich zu jener Zeit – vor sechzig Jahren! – kaum die Mühe nahm, eine Reihe von Pilzen zu kennen, um eine hinreichende Mahlzeit nach Hause zu tragen: Die Wälder waren zur späten Sommerzeit gesprenkelt vom Dottergelb der unvergleichlichen Eierpilze, die man in Deutschland Pfifferlinge nennt und – eben ihres häufigen Vorkommens wegen – den abwertenden Vergleich «keinen Pfifferling wert» geprägt hat.

Lieber noch als in die Pilze ging ich mit Grossmüeti in die Erdbeeren, nicht zuletzt auch darum, weil dort, wo man sie fand, der Wald meist licht und lieblich war und nicht so tannenfinster wie am Fundort der meisten Eierpilze.

Als dann, Jahre später, *Jeremias Gotthelf* zur – geliebten – Pflichtlektüre wurde, da stiess ich das erste Mal auf sein Erdbeeri-Mareili und schloss das stille Kind gleich in mein Herz. Das Bild, das ich mir von dem Mägdlein machte, deckte sich dann vollständig mit jenem, das der grosse Berner Kunstmaler *Albert Anker* mit dem Pinsel hingezaubert hat.

Es hängt im Musée des Beaux-Arts in Lausanne und ist wohl das populärste Werk des Inser Malers. Ein begabter Onkel schenkte mir eine sehr gelungene Kopie des Bildes, die er zu Studienzwecken gemalt hatte. Wenig später erstand ich einen Holzschnitt von Emil Zbinden, der Mareili beim Hausieren mit seinen Erdbeeren zeigt. Von da an begann ich die verschiedensten Künstler mit der Aufgabe zu betrauen, mir die Beerenpflückerin auf ihre Art zu zeichnen, zu malen, zu formen, und es ist köstlich zu sehen, wie so ganz verschieden jeder Künstler diese Aufgabe löst.

Als dann, wieder zwanzig Jahre später, das Eierfieber über mich kam, da dehnte ich meine Erdbeeri-Mareili-Wünsche auch auf sie aus. – Was dabei herausgekommen ist, sehen Sie auf Seite 83.

Weil aber nicht jedermann Gotthelfs feine, schlichte Geschichte kennt, muss ich sie meinen Lesern mit ein paar Sätzen nahebringen:

Im Tschaggenei-Graben, im allerallerhintersten Emmental, wurde der Gerichtssäss ins Haus einer eben Verstorbenen geholt, um ihre Hinterlassenschaft zu versiegeln. Er tat, was seines Amtes war, und staunte dabei nicht wenig, ein schmuckes Häuschen, feine Kleider, Kleinodien und viel Geld in Sparstrümpfen vorzufinden, wo er Armut und Dürftigkeit in dieser abgelegenen Gegend erwartet hatte. Der Pfarrer des Kirchspiels, dem er das Able-

ben des Fräuleins kundtat, zeigte sich sehr betrübt: «Tot, das Erdbeeri-Mareili? Wieder ein Mensch weniger auf der Welt, der mir um seines Gemütes willen lieb war.» Der Gerichtssäss, ein rechtschaffener Mann, aber noch von jenem Schrot und Korn – Gotthelfs Geschichte spielt ja in der ersten Hälfte des 19. Jahrhunderts –, da ein rechter Bürger meinte «Mannevolk ist doch geng Mannevolk und Wybervolk bleibt eben Wybervolk», was im Klartext heisst: Männerverstand sei hinter Frauenstirn kaum zu finden – dieser Gerichtssäss musste sich dann vom Gottesmann eines andern belehren lassen. Ja, dieser verstieg sich sogar zu der Behauptung, das Erdbeeri-Mareili sei ein besserer Mensch gewesen als sie beide zusammen. Er nahm sich die Mühe und erzählte ihm die Lebensgeschichte des seltsamen Mädchens – nicht ehe sich beide ihr Pfeifchen angezündet «und die Frau Pfarrerin ihre Lismete in Gang gebracht hatte», wie Gotthelf schreibt.

Mareilis Eltern lebten in der Stadt, wo der Vater sein gutes Auskommen hatte. Als er früh starb und seine Familie mittellos zurückliess, kam die Frau mit ihren drei Kindern in ihre Heimatgemeinde – in den Tschaggenei-Graben eben. Sie war eine ordentliche, tüchtige Frau, nahm an Arbeit an, was man ihr in die Hand gab, und wohnte in dem kleinen Häuschen, das ihr die Gemeinde überliess. So lebten die vier schlecht und recht von dem Wenigen, das die

Mutter mit Nähen und Stricken verdiente: «Aber damals liess man noch nicht ändern, wenn man eine Sache zweimal angehabt», wettert Gotthelf, dem Wohl und Wehe seiner Schäfchen am Herzen lagen. (Wie müsste er über uns herziehen, die wir heute überhaupt nicht mehr ändern lassen, sondern gleich wegwerfen!) Darum war die Mutter froh, als die Kinder grösser wurden und ihr halfen, mit Erdbeeren, die sie an sonnigem Waldrand pflückten, das schmale Einkommen aufzubessern. Was die Kinder ernteten, trug die Mutter gleichentags zu wohlhabenden Bauern- und Herrenhäusern, wo sie allenthalben gern aufgenommen wurde, weil ihre Beeren schöner und schmackhafter waren als das, was andere ihnen brachten. Und das war Mareilis Verdienst! Es kannte jedes Pflänzchen am Waldsaum und nahm nur, was ihm ohne Nachhilfe in die Hand kollerte. Brüderchen und Schwesterchen lehrte es, ein Gleiches zu tun. Und wenn die zufriedenen Abnehmer nach der Pflückerin fragten, so nannte die Mutter stolz der Tochter Namen. Und so kannten es die Leute weiterum nur noch als das Erdbeeri-Mareili.

So lebten sie still und zufrieden ins Jahr hinein – Mareilis hohe Zeit war die Erdbeerzeit. Doch da starb im nächsten strengen Winter das Schwesterchen, ein Jahr darauf der Bruder. Das stille Kind wurde noch versponnener, und wenn es fortan allein im Wald seine Beeren pflückte, meinte es, die geliebten Geschwister als himmlische Wesen in der Nähe zu spüren. Die Mutter verwies ihm solche Gedanken, in der Angst, es könnten Vorahnungen des Todes sein.

Eines Tages entschlief es auf einem moosigen Plätzchen im Wald und glaubte zu träumen, ein Engel mit wundervollen dunklen Augen sei zu ihm getreten. Das Wesen sprach das Kind an, staunte über seine Beerenernte und erbat sich ein Körbchen voll davon, das ihm Mareili freigebig zustreckte. Der Engel küsste es auf die Stirn, gab ihm ein glänzendes Silberstück und verschwand im Wald. Zu Hause bei der Mutter bestand es darauf, einen Engel gesehen zu haben, wie sehr diese auch das Geldstück zum Zeugen nahm, es müsse ein Wesen von Fleisch und Blut gewesen sein.

Als die weiten Gänge zu den Erdbeerkunden der Mutter zu beschwerlich wurden, musste das scheue Mädchen sie übernehmen und kam auf einer solchen Wanderung in ein vornehmes Herrenhaus, wo ihm die Tochter statt der Dienstboten seine Beeren abnahm: Es war Mareilis Engel! Das Fräulein erkannte das Kind aus dem Wald sogleich, und es entspann sich eine wundervolle lebenslängliche Freundschaft zwischen den beiden ungleichen Frauen. Als die Mutter auch noch starb, trat Mareili in den Dienst der vornehmen Dame, lebte mit ihr im Sommer auf dem Land, im Winter in der Stadt und liess sich von ihrer gutartigen Vorgängerin – «Das war kein so tüfelsüchtig Räf, wie man Exempel hat», sagt Gotthelf – in die Finessen ihres noblen Dienstes einweihen. Zu jener Zeit war die Umgangssprache der Berner Patrizier das Französische, und so musste auch das Mädchen aus dem Tal, wo Füchse und Hasen sich Gutenacht sagen, die fremde Sprache erlernen, «damit es sich mit Anstand präsentiere und wenigstens ‹n'est-ce pas?› und ‹qui est là?› sagen könne».

So kamen die beiden Frauen ins Alter, und als seine Wohltäterin starb, wurde Mareili reich bedacht und hätte sich in weiter Welt ein sorgenloses, herrliches Leben gönnen können, doch es kehrte heim in den Tschaggenei-Graben, kaufte das Häuschen, in dem es mit den Seinen gelebt hatte, und war stets von Kindern umgeben, denen es die mannigfachen Fertigkeiten beibrachte, die es von seiner Mutter und im Dienste des Fräuleins gelernt hatte. Den ertüchtigten Mädchen verschaffte es Stellen in guten Häusern und wurde so zum Segen in seiner engen kleinen Welt.

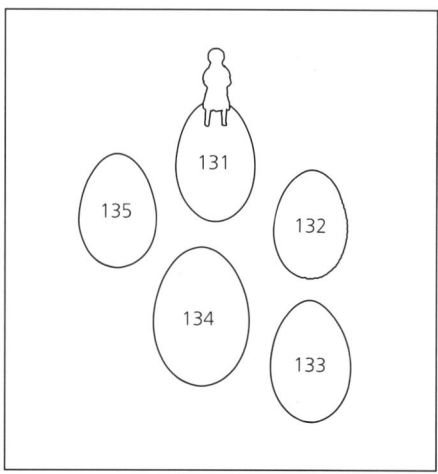

131
Annemarie Flückiger, 1945
Kirchlindach BE (CH)
Primarlehrerin, Hausfrau

132
Christine Schneider, 1947
Bern (CH)
Keramikerin

133
Doris Wetzel, 1933
Waldstatt AR (CH)
Kunstgewerblerin, Hausfrau

134
Elisabeth Deér-Széchényi, 1940
Konstanz (BRD)
Arztgehilfin, Kunstgewerblerin,
Antiquitätenhändlerin, Restauratorin alter
Grafik, Hausfrau

135
Koosje Witten-Klos, 1946
Amersfoort (NL)
Malerin, Hausfrau

Nur so zum Spass

Es gibt Menschen, die haben es so faustdick hinter den Ohren, dass selbst ein blütenweisses, unschuldiges Hühnerei nicht sicher ist vor ihrem Schalk.

«So oval muss ein Ei ja gar nicht sein», sagt sich Zahntechniker Walter Fehr – und schwupps entwikkelt er mit der Präzisionslust seiner Berufsgattung 136 eine *Linse* daraus. «Dass Gegensätze sich anziehen, weiss ein jeder», sinniert er weiter und haut ein 141 paar deftige *Nägel* in die geplatzte Schale eines Eis. Das Flickwerk wird für Ewigkeiten halten! Und da Walter Fehr verheiratet ist, mit Ursula, der Frau, die all die Eier, die er nicht weiss belassen will, aufs allerhübscheste bemalt, weiss er, wie ungemein kommod es ist, wenn ein Ehemann bei Gelegenheit 139 ein *Auge* zudrücken kann. Und so baut er das friedfertige Organ gleich in eine konvexe Hühnereierschale ein. Dass der Augendeckel bewimpert ist und überdies auf- und zuklappen kann, versteht sich von selbst.

Der Fernseh-Elektroniker Konrad Hostettler ist noch Junggeselle, das leuchtet jedem ein, der mit Bestürzung sieht, wie linkisch und ungekonnt er 137 kaputte Eier *flickt*! Denn, Hand aufs Herz: Weiss nicht jedes aufgeweckte Kind, dass man braune Eier nicht mit weissen flicken darf? Der seltsame Bursche scheint nicht einmal zu wissen, dass ein Reissver- 140 schluss nur dann zum Verschluss wird, wenn er verschlossen werden kann. Lieber Leser: Sehen Sie sich doch das traurige Pfuschwerk an! Mitten auf dem Zug nach oben ist der Gleiter steckengeblieben, und es braucht wenig Einbildungskraft, sich vorzustellen, was geschieht, wenn eine grobe Hand ihn vollends nach oben zieht: Es entsteht augenblicklich eine hässliche Falte in der Eischale – und, wirklich, liebe Freunde: Wollen wir Ostereier mit Falten?

Nichts liegt mir ferner, als meine Leser zu verunsichern oder gar sie aufzuhetzen wider Fehr, Hostettler & Co., und darum danke ich dem gütigen Geschick, das just in diesem kritischen Augenblick ein Wesen zur Stelle schafft, das wie kaum ein anderes vermag, aufgewühlte Gemüter zu besänftigen: Babettli! «Geschlüpft am 27. März 1986», so steht 142 auf seiner Windel auf der Rückseite des Eis gestickt. Jürg Friedrich ist der Geburtshelfer der kleinen Dame.

Schliesslich ist da noch ein unbefleckt empfangenes Ei, dessen Empfang so unbefleckt auch wieder 138 nicht gewesen sein kann, denn unter «ei» sind unleugbar unschöne Verfärbungen wahrzunehmen. Das verlogene Stück war an einem fröhlichen «Eiertüpfet» wohlanständigen Hühnereiern untergeschoben worden!

Sie sehen, liebe Leser: Auch auf diesem doch bis anhin hochseriösen Gebiet ist ein deutlicher Sittenzerfall festzustellen!

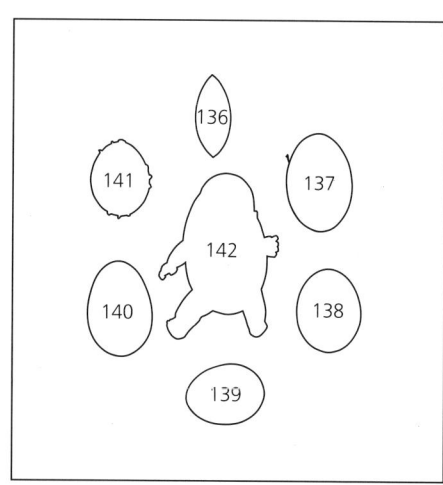

136, 139, 141
Walter Fehr, 1924
Zürich (CH)
Zahntechniker

137, 140
Konrad Hostettler, 1959
Jegenstorf BE (CH)
Radio-TV-Elektroniker

142
Jürg Friedrich, 1948
Bern (CH)
Boutiquebesitzer

138
Unbekannter Künstler (CH)

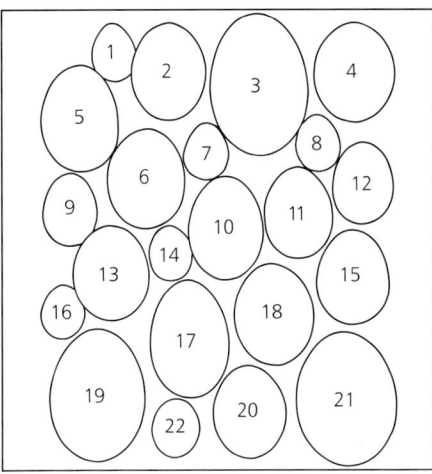

Die Künstler:

1 Renate Franke

2 Regula Badraun

3 Emilio Häfliger

4 Ursula Jaggi

5 Elisabeth Gschwind

6 Regula Badraun

7 Renate Franke

8 Renate Franke

9 Elsbeth Messmer

10 Paul Bopp

11 Monika Kurz

12 Anita Mauerhofer

13 Marie Reusser

14 Renate Franke

15 Doris Wetzel

16 Renate Franke

17 Heidi Haupt-Battaglia

18 Fry Lüthi

19 Elsbeth Messmer

20 Susanne Ferretti

21 Monika Kurz

22 Renate Franke

2.Teil **Künstlerporträts**

Ida Maibach, 1924
Bern (CH)
Operationsgehilfin, Kunstgewerblerin,
Möbelrestauratorin, Hausfrau

A, C–I   Huhn
B   Gans

Zum ersten Eiermarkt kam sie als Besucherin, war bezaubert und spielte schon mit dem Gedanken, ihr Pinselglück auf Eierschalen statt auf Bauernschränken zu versuchen. Weil Ida Maibach aber eine gewissenhafte Frau und ein Mensch ist, der etwas *ganz* anpackt – oder überhaupt nicht, besuchte sie erst einmal einen Zeichen- und Gestaltungskurs an der Kunstgewerbeschule in Bern. Wie gut liessen sich die Rosen und Nelken und Stieglitze, die sie sonst auf «Hölzer» bannte, auf Hühner- und Gänseeier übertragen! Aber erst nach dem zweiten Marktbesuch fasste sie Mut – und das nur halbherzig; denn sie liess der Jury ihre Auswahl durch eine gemeinsame Bekannte zukommen. Einmal beim Berner Ostereiermärit akkreditiert, überraschte sie uns jedes Jahr mit neuen Ideen, spielte mit duftigen Kränzchen in allen Farben des Regenbogens, legte Blattgold auf und setzte schliesslich Blaumeisen und Rotbrüstchen in ihre blumengeschmückten Medaillons.

Rolf Diringer, 1935
Biel-Benken BL (CH)
Finanzbuchhalter einer Grossdruckerei

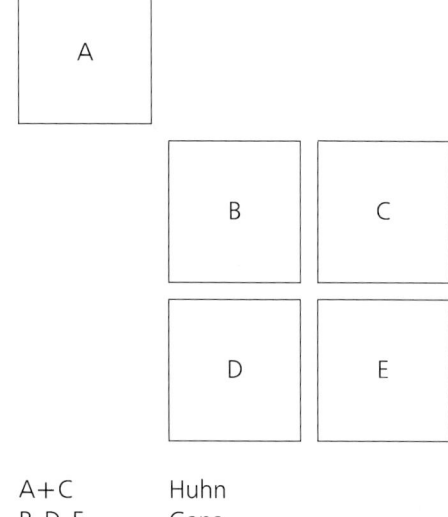

| A+C | Huhn |
| B, D, E | Gans |

Die meisten Besucher des Berner Ostereiermärits gehen mit gesenktem Haupt
von Tisch zu Tisch, betrachten die Eier,
begutachten die Dekoration, halten Ausschau nach Ostereierkarten – und erst
dann sehen sie sich um nach dem Urhe-
ber der kleinen Kunstwerke. Da liegen
nun bei Rolf Diringer – schon bald nach
der Eröffnung nicht mehr zahlreich –
Eier von so viel Liebreiz, dass einem
ganz warm ums Herz wird: ein Kasta-
nienbaum im Brautgewand seiner Blü-
tenkerzen, mit Kinderchen, die sich darunter tummeln, eine Schlittenfahrt unter
winterlich kahlem Geäst, schöner zur
Geltung gebracht als der bunteste Som-
merstrauss. Und immer wieder Bäume
und Kinder mit Fähnchen und Dackeln
und Trottinetts, hüpfende, sich bal-
gende, lachende und auch weinende
Kinder. Der Besucher schaut auf und will
kennenlernen, wer so fein seine Seele
in diese Eier gestichelt hat. Und da sitzt
ein Mann in den besten Jahren, mit gar
nicht mehr so vielen Haaren auf dem
Kopf, aber mit um so mehr in seinem
Schnurrbart, und sagt gar nicht viel. Er
weiss aber gut zuzuhören, und wenn
man Glück hat und er öffnet dann doch
noch seinen Mund und seine Augen be-
ginnen zu funkeln – da glaubt es ihm
ein jeder, dass *er* der Vater dieser losen
kleinen Gesellschaft ist. Rolf Diringer ist
Buchhalter, und was die Zahlen ihm
nicht geben, das holt er sich von seinen
drei köstlichen Frauen zu Hause – und
aus der Schale seiner dunkel, ganz dunkel gefärbten Eier.

Annemarie Flückiger, 1945
Kirchlindach BE (CH)
Lehrerin, Hausfrau

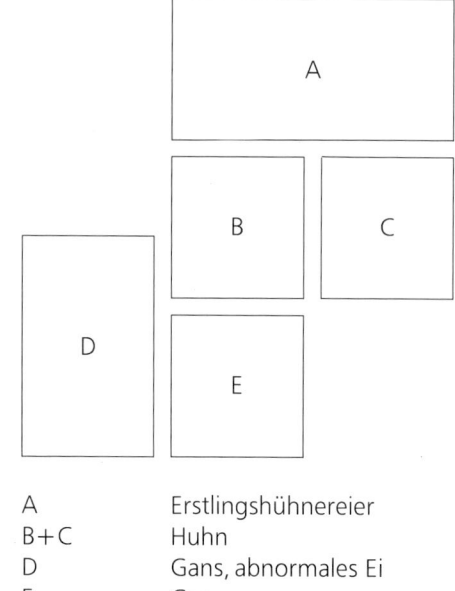

A — Erstlingshühnereier
B+C — Huhn
D — Gans, abnormales Ei
E — Gans

Bei einem Publikumswettbewerb in einem Einkaufszentrum fielen mir ihre verspielten, romantischen, ja dichterischen Eier auf: ein Blütenkränzchen mit der Inschrift «I ha der Früehlig gärn» oder ein strahlendes Sönnchen, geschnitten aus Schokolade-Stanniolpapier, mit gemalten Ornamenten bereichert, drumherum der Hexameter «Dir Seele des Weltalls, o Sonne, sei heute das erste der festlichen Lieder geweiht», ein verschnürtes Eierpäckchen mit Sträusschen und Etikette «Inhalt: Frühlingsluft». Da: ein schneeweisses Vogelpaar überm Nest, in der Löwenzahnwiese, unterm Apfelbaum, zwischen blütenübersätem Rahmen und Miniatur der Vers: «Die beste Zeit im Jahr ist Mai'n, das singen alle Vögelein». Oder: ein frühlingstrunkenes Kinderlied, eingeschlossen statt in der Musikdose im Gänse-Ei, auf Schnurzug beginnt es zu jubeln, und ein blondsträhniges Bürschchen vor blauem, blauem See verwirft voller Lebensglück seine Arme.

Ich liess nicht locker, bis ich sie fand. Und am Berner Ostereiermärit standen die Leute lange an ihrem Tisch, lasen die Verse, liessen die Eiermusikdosen spielen und schauten voll Wärme auf die stille junge Frau, deren ganzes reiches Gemüt sich auf diesen verträumten kleinen Kunstwerken niedergeschlagen hatte.

Annemarie Flückiger nimmt am Eiermarkt nicht mehr teil. Leider. Es wurde zu viel für sie: Haus und Garten und Kinder — aber immer noch sucht man sie, fragen Leute nach ihr und ihren Eiern. Und stets sind es Menschen mit stillen, guten Augen.

Elisabeth Schlunegger, 1934
Stettlen BE (CH)
Primarlehrerin, Hausfrau

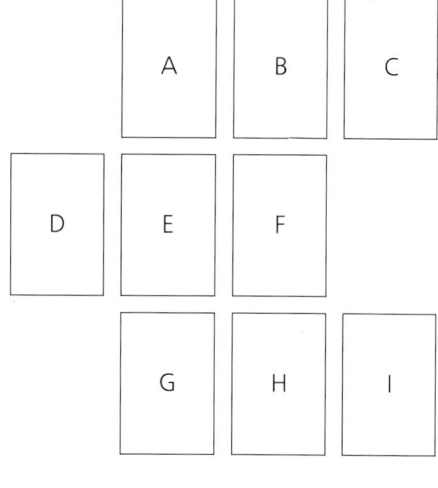

A–I   Huhn

Ihre Vorliebe fürs Minuziöse, Genaue, Erlesene steckte in ihr, soweit sie sich zurückerinnern kann. An Ostern, zu Hause, wurden Eier dekoriert, mit Ameisensäure beschrieben. Später besuchte Elisabeth Schlunegger einen Batikkurs, wo man sie lehrte, die Wachsschicht auf dem Ei unter dem Heisswasserstrahl wegzuschmelzen. Was kam zum Vorschein? Undefinierbare Farben, ineinanderfliessende Linien, mit einem Wort: So wollte sie es nicht haben. Und dann wurde gepröbelt, während Jahren, zwischen Neujahr und Karfreitag – bis sie 1977 als Besucherin zum ersten Berner Ostereiermärit kam. So bescheiden ist diese Frau, und so hohe Ansprüche stellt sie an sich selber, dass sie mit diesen herrlichen Eiern erst an die Öffentlichkeit zu treten wagte, als eine Tageszeitung einen Wettbewerb ausschrieb. Der Zufall wollte es, dass ich dort in der Jury sass – im Frühling drauf hatte Elisabeth Schlunegger ihren Tisch am Märit.

Sibyll Messmer, 1959
St. Gallen (CH)
Glasmalerin, Kunstgewerblerin

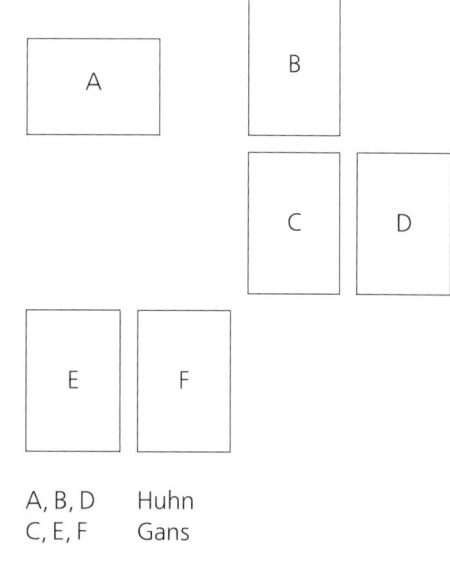

A, B, D Huhn
C, E, F Gans

Sibyll Messmer ist erblich belastet –
überhaupt ein seltsames Mädchen –,
denn wer umgarnt schon ein Gänse-Ei
mit zinnernen Bändern? (Was sie tut –
und was sich gar nicht so schlecht ausnimmt, ich muss es gestehen.) Ihre Mutter, nämlich, zaubert gemütvolle Häuser
mit Toren und Türmchen, mit Hochzeits-
zügen und Prozessionen (Ei Nr. 9 und
hintere Umschlagseite) auf ihre Eier und
führt in der Altstadt St. Gallens einen
kleinen Laden, aus dem man die hüb-
schesten Dinge wegtragen kann und
obendrein mit einem Seelenpflaster hin-
ausgeht, wann immer einen der Schuh
irgendwo drückt. Und das Knusperknäus-
chenhaus, in dem Sibyll gross geworden ist – die Brüder Grimm hätten es
sich nicht schöner ausdenken können!
Angefangen hat sie mit vergnügten kleinen Katzen (mit einem Vogel im Bauch),
mit Frühlingsbäumchen und grosszügig
gestalteten Stoffmustern, übers ganze
Ei gebreitet. Doch heute sind ihre Eier
reine Erholungslandschaften mit Kasta-
nienalleen und verspielten Schlösschen,
mit der Linde auf dem Hügel und Schä-
ferwolken. Und diese stillen Ferienpro-
spekte sind eingelagert zwischen Bordüren allerfeinster Federstriche. Wer genau hinschaut, kann Kindergesellschaf-
ten entdecken mit Hund und Katz und
Maus, und alles ist so klitzeklein, dass
man sich nicht vorstellen kann, wie sie
die Feder ansetzte. Sparsam werden ein
paar lichte Farben darüberhingehaucht
oder – eben – ein Trennstrich statt mit
Tusche mit Zinnfäden gezogen. Es sind
zauberhafte Miniaturen!

Zeichnen und Applizieren   99

Paula Künzli, 1928
Bern (CH)
Damenschneiderin, Kunstgewerblerin,
Hausfrau

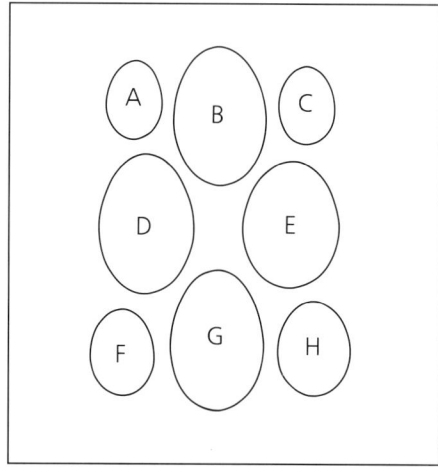

A, C, F   Huhn, Erstlings-Eier
B, D, E, G   Gans
H   Huhn

Paula Künzli stand in einer Buchhand-
lung und hielt Ausschau nach einem Ba-
stelbuch für ihr Patenkind. Da geriet ihr
eine Broschüre über ukrainische Pisanki
in die Hände, und von Stund an war sie
fasziniert: diese Feinheit der Zeichnung,
dieser Farbenreichtum, diese spürbare
orthodoxe Frömmigkeit! Die Volkskunst
jenes fernen Himmelsstriches hatte es
ihr so angetan, dass sie sich Werkzeug,
Wachs und Farben beschaffte und sich
allsogleich ans Werk machte.

Als ich ihre Eier zum erstenmal sah
und die Sorgfalt ihrer Arbeit bewun-
derte, da riet ich ihr, sich nun von frem-
den Einflüssen zu lösen und eigene
Wege zu gehen. Erst sah ich noch ein
Vögelchen und einen Hahn aus meinem
Stall in ihrem Korb, doch dann zog sie
los und tüpfelte Nachtfalter und stri-
chelte Schmetterlinge. Den Leier-
schwanz sieht man förmlich nach dem
Würmchen picken, und die Hasenfamilie
weckt sehnsüchtige österliche Gefühle.
Es gibt Eier von Paula Künzli, die hat sie
in vierzehn verschiedene Farben getaucht!

Konrad Hostettler, 1959
Jegenstorf BE (CH)
Radio-TV-Elektroniker

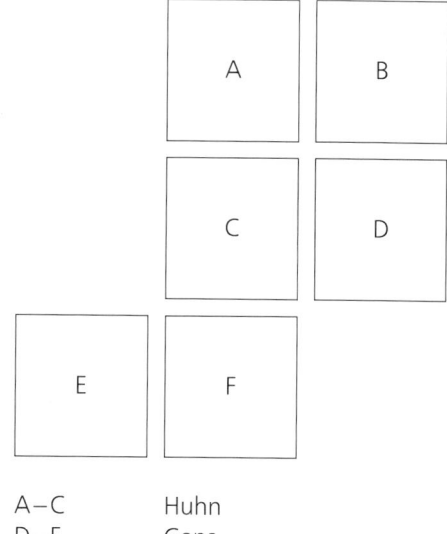

A–C   Huhn
D–F   Gans

Es ist köstlich zu hören, was der Anlass war, dass einer aufs Eierverzieren kam! Wie vielfältig sind die Schilderungen, doch *eine* Formulierung ist immer wieder zu hören: «Schon als Kind, zu Hause, da…» So war es auch bei Konrad Hostettler. Mit Mutter und Schwester pflegte er zu Ostern Eier zu gravieren. Als er dann als Gerätemechaniker in die Rekrutenschule kam, da hatte er mit Stanzabfällen der Lochstreifen zu tun, diesen winzigen Konfetti, und da müsste doch, dachte er, etwas Brauchbares gebastelt werden können. Und so zog er seine schwungvollen Linien mit der Sicherheit des Fachmannes auf dunkel gefärbten Eiern, zuerst nur mit den weingelben Pünktchen, bis ihm eine Künstlerin des Berner Ostereiermärits noch eine zinnoberrote Varietät verschaffte.

Der Schalk, von dem es heisst, dass er einem im Nacken sitze, geistert bei Konrad Hostettler zwischen Augen und Mundwinkeln, und wenn er ihn gar nicht mehr bändigen kann, so lässt er ihn sich auf Eiern austoben, die es auch faustdick hinter den Ohren haben! Die Eier Nr. 137 und 140 (im ersten Teil dieses Buches) beweisen es.

Gaby Cinter-Cesari, 1947
Rom (I)
Keramikmalerin, Porzellanmalerin,
Hausfrau

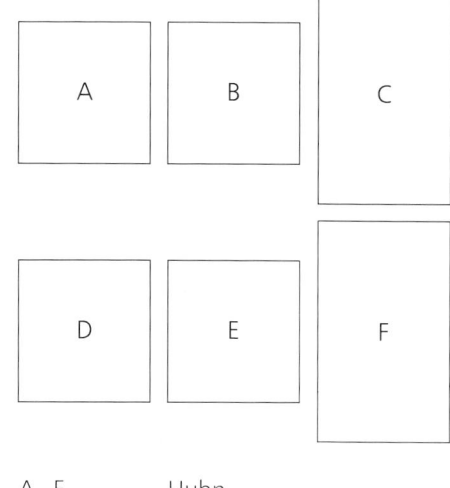

A–F   Huhn

Weil Gaby Cinter ihr Leben zumeist mit
ihrem italienischen Gatten in der Ewigen
Stadt zubringt und nur ins heimatliche
Berner Oberland zurückkehrt, wenn ihr
ehemaliger Arbeitgeber sie ganz drin-
gend um Mithilfe bittet, darum wusste
sie nichts vom Berner Ostereiermärit.
Freundinnen machten sie darauf auf-
merksam, denn Gaby Cinter ist im Malen kein unbeschriebenes Blatt, hatte sie
doch 1972 den Preis der Stadt Thun für
ihre Keramikmalerei bekommen. Kein
Problem darum für sie, das, was sie auf
Tonscherben zu pinseln gewohnt war,
auf Eierschalen zu übertragen. Wie man
sieht, gelang ihr dies auf Anhieb. Und
wer ihre Eier betrachtet, den erkennt
man am vergnügten Schmunzeln: Jedes
ihrer Eier strahlt das Frohgemüt und den
Humor der Künstlerin aus! Ihre Vögelchen sitzen auf dem Rund des Eis, als
seien sie daraus hervorgeschlüpft, und
ihren Kätzchen möchte man ins watte-
weiche Fell greifen. Ihre warmen Erdfarben für Sonntagsreiter und Sennenbu-
ben tun dem Auge wohl. Bisweilen sägt
sie ihre Eier auf, versieht sie mit einem
Spruchband, das herausgezogen und
mit einer Kurbel wieder zum Verschwinden gebracht werden kann. Oder sie
schafft mit Gips eine Miniaturbühne am
Grund des Eis und lässt ein Harlekinchen
tanzen. Wie kommod kam ihr das Eierschmücken, sagt sie, denn in Rom wohnt
sie wohl an historischer Stätte, gleich
neben dem Kolosseum, aber in ihrer
Mansardenwohnung misst ihr Arbeits-
tisch bloss 30×80 cm. Ich
möchte ihr Wachteleier empfehlen…

Fritz Wahli, 1942
Bern (CH)
Maschinenzeichner, Ing. HTL,
Leiter der Personalausbildung
einer Firma im Nachrichtenbereich

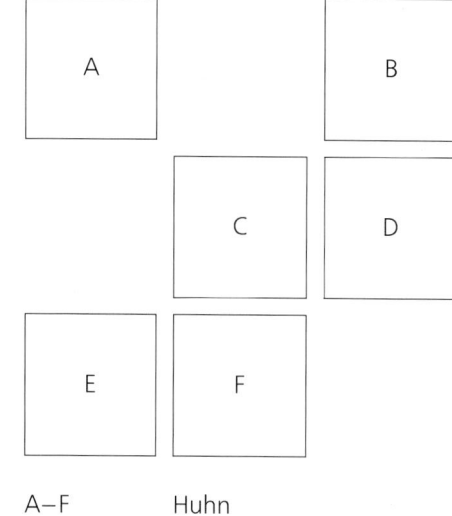

A–F   Huhn

Zuerst besuchte Vreni, seine Frau, den Berner Ostereiermärit und kehrte begeistert heim. Kaum hatte auch ihr Mann unsere «heil'gen Hallen» betreten, hatte es ihn auch schon gepackt, denn er liebt alles Miniaturhafte, Gediegene, Feine. Mit dem Graviermesser machte er sich ans Werk, handhabe es erst falsch, kam den Dingen aber bald auf die Schliche. Und da krabbelte und huschte und stelzte es über seine Hühnereier: das kleine Volk der Igel, Mäuschen, Amseln. Fritz Wahli arbeitet negativ, d. h. er holt nur die Zwischenräume heraus: Der Hase, die Bachstelze, die Kokardendistel und das Farn schälen sich dann ganz zufällig – ganz zufällig heraus. Klar, dass keine Eidechse ihm sitzt, bis er all ihre Schüppchen aufs Ei übertragen hat: Die Tiere studiert er in einschlägigen Büchern. Doch die Pflanzen, das Ebereschenblatt, den Sauerklee, das Zittergras, die holt er sich im Wald und am Bach und ordnet sie auf seinen Bildern an, dass man meinen könnte, er habe die Tiere in ihrer ureigenen Welt überrascht. Weil auch im Winter sein Messer nicht ruht, fotografiert er in der warmen Jahreszeit die Stimmungsbilder aus dem Röhricht und aus der Brombeerhecke. Kein Ei, versteht sich, an dem er weniger als dreissig Stunden stichelt!

Ursula Glauser, 1945
Burgdorf BE (CH)
Primarlehrerin, Büroangestellte,
Kursleiterin für Porzellanmalen,
Hausfrau

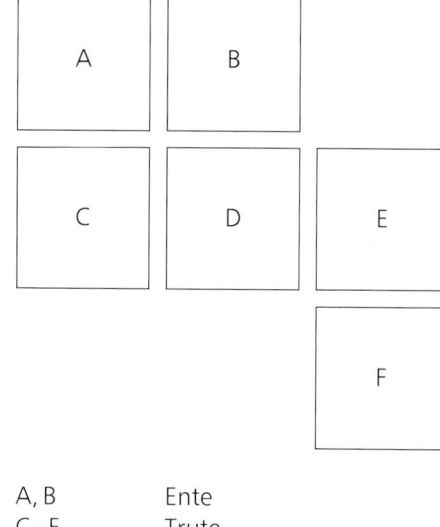

A, B   Ente
C–F   Trute

Am zweiten Berner Ostereiermärit ging
die gelernte Porzellanmalerin durch die
Reihen, entdeckte eine einzige Vertrete-
rin ihrer Zunft, stellte fest, dass sie den
Pinsel anders führt, die Farben anders
wählt, ganz anders komponiert, und
meinte, für sie *beide* wäre Platz unter
den Eierleuten. Weil es Ursula Glauser
aber liebt, behutsam vorzugehen, besuchte sie uns im Jahr darauf ein zweites Mal, ehe sie ihre Eier der Jury ein-
reichte. Mit Hag- und Duftrosen auf
Hühnergelegen debütierte sie, verliebte
sich sodann in die Sommersprossen der
Truteneier und übersähte sie mit warm-
farbigen Gestecken. Als eine Ferienreise
sie nach Schottland verschlug, erschie-
nen die kühl-vornehmen Schlösser jener
Gegenden auch auf ihren Truthuhn-
eiern, Ton-in-Ton-Malerei, inspiriert vom
korkfarbenen Grund des Eis.

Franziska Zimmermann, 1959
Attiswil BE (CH)
Kindergärtnerin

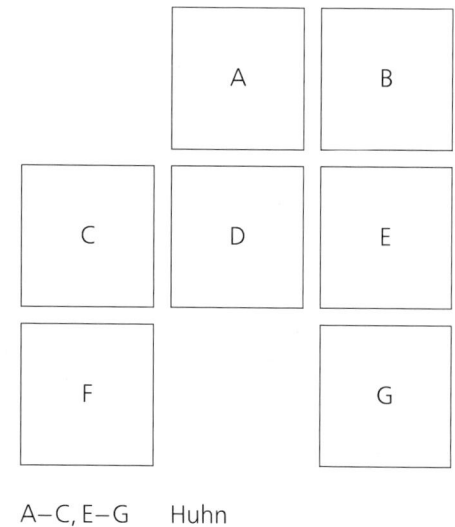

A–C, E–G   Huhn
D   Huhn, Erstlings-Ei

Der erste Berner Ostereiermärit war
eben über die Bühne gegangen, da mel-
dete sich bei mir eine angehende Kindergärtnerin, jung, springlebendig und
lachfreudig, und schob mir ein gravier-
tes Ei in die Hand: Ob ich denn meine,
dass daraus etwas werden könnte? Und
ob ich das meinte! Als Kindergärtnerin
von allem angetan, was sich mit Händen
bewerkstelligen lässt, hatte sie vor einiger Zeit in Balsthal der Enkelin von Rosa
Heim, unserer «grossen, alten Eierfrau»,
beim Gravieren zugeschaut, war schnur-
stracks nach Hause gegangen und hatte
versucht, mit dem Küchenmesser ihre
Kreise auf einem Ei zu ziehen. Erst als
sie sich ein geeigneteres Messer beschaffte, wurden ihre Werklein zu Spit-
zenmüsterchen von unsäglicher Finesse.
Wenn man dachte: «Feiner geht's nim-
mer», wurden ihre Striche noch um ein
Härchen dünner! Als sie sich an Fische
heranmachte, fasste sie das Messer wieder etwas fester und holte Schüppchen
um Schüppchen aus der dunkel gefärbten Schale. Wie oft haben wir gelacht,
wenn Franziska Zimmermann unter den
Tausenden von Besuchern mit unterge-
schlagenen Beinen im Schneidersitz auf
ihrem Stuhl sass, den Kopf von der
schweren Maori-Frisur niedergebeugt,
die Nase dicht überm Ei, und kritzelte,
dass die Federn flogen!

Verena Jufer, 1944
Döttingen AG (CH)
Primarlehrerin, Hausfrau

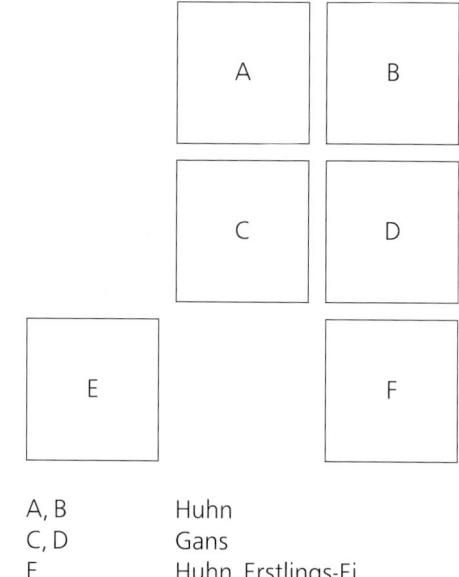

A, B	Huhn
C, D	Gans
E	Huhn, Erstlings-Ei
F	Ente

An der Volkshochschule Koblenz belegte Verena Jufer einen Eierkurs, lernte marmorieren und die Eier in polnischer Manier mit Wollfäden umwickeln. Aber diese haarigen Knäuel befriedigten sie nicht, und so hielt sie Ausschau nach geeigneteren, feineren Garnen, die eine reiche Ornamentik ermöglichen würden. Bald fand sie ein fein gezwirntes Baumwollgarn, das sich in Wellenlinien, Rondellen und Rosetten aufs Ei kleben liess. Die Farben, die sie verwendet, gemahnen an die warmen, satten Töne kirgisischer Teppiche, und selbst ihre Muster könnten aus jenem Erdenwinkel stammen. Seit Jahren sammelt sie Kirgisenteppiche und stellte fest, dass dort, wo geknüpft wird, auch das Eierschmücken zum Volksbrauch gehört.

Als Verena Jufer selbst das anschmiegsame Baumwollgarn als Ausdrucksmittel nicht mehr genügte, griff sie zu schimmernden Seidenfäden und legte damit österliche Kreuze, reich ornamentiert. Neuerdings hat sie sich der Landschaftsmalerei verschrieben – ihre «Farbe» ist spinnfadenfein und besteht aus Seide. Man meint, einen Blick in einen englischen Baumgarten zu tun, wo unter Blütenbäumen friedlich ein paar Schafe grasen und ein bleicher Frühlingsmond in duftigen Wolken hängt.

Christine Schneider, 1947
Bern (CH)
Keramikerin

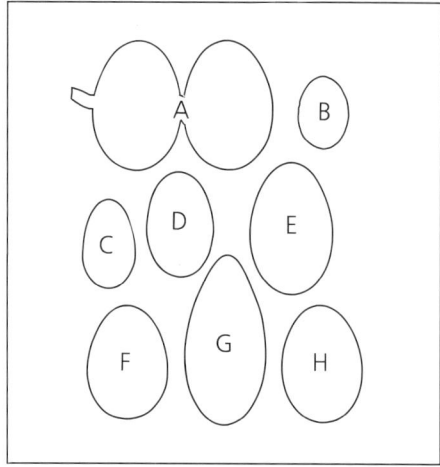

A, E, F, H   Gans
B–D   Huhn, abnorme Eier
G   Gans, abnormes Ei

An der Keramischen Fachschule in Bern hat es begonnen, das bewegte Berufsleben der Christine Schneider. Noch ganze eineinhalb Jahre hielt es sie nach der Abschlussprüfung in heimischen Landen, in einer Töpferei, wo sie neben Alltagsgeschirr ganz allerliebste Tierchen für Kinder modellierte, die ihre Meistersfrau am Berner Zibelemärit feilbot. Ihre Kundschaft riss sie ihr aus den Händen, kaum hatte sie sie aus dem Papier gewickelt. Mit neunzehn Jahren zog es Christine Schneider an allen Haaren in die Ferne, vorläufig für zwei Jahre nach Israel: Arbeit im Kibbuz mit Pampelmusen und Hühnern. Zurück in die Töpferei, Reisegeld verdienen! Als es Frühling wurde, bestieg sie das zweitletzte französische Schiff, das Afrika umrundete und über Südostasien nach Japan gelangte. Es war eine köstliche, aber harte Zeit: Sie lebte in einem Zen-Kloster und arbeitete bei zwei Töpfern mit Stein-

zeug. Vier Jahre lang drehte sie dann wieder die Töpferscheibe in der Heimat, bis sie den Weg erneut unter die Füsse nahm, um in fast dreimonatiger Reise von Istanbul über Iran, Afghanistan, Pakistan nach Südindien zu gelangen, wo es ihr die Tempelstädte von Bangalore angetan hatten. Dort schwelgte sie in tausendjährigen Kunstwerken in Stein und Bronze, durfte ihre Nase auch in einheimische Keramikschulen und bei privaten Töpfern hineinstecken. Reicherfüllt von vielschichtigem Erleben, gedachte sie endlich sesshaft zu werden, mietete in der Berner Altstadt für wenig Geld ein taschentuchgrosses Atelier und formte Krippenfiguren und Tauben und Spatzen, die sie allüberall auf ihren weiten Reisen angetroffen hatte. Und weil ihre Einkünfte kaum für Wasser und Brot ausreichten, verdingte sie sich als «Nacht- und Frühmorgen-Putzfrau» in staatlichen Betrieben. Auf

Ostern hin vertauschte sie das Modellierholz mit dem Pinsel und malte Ostereier, die sie auf dem regulären Samstagsmarkt verkaufte. Als noch drei Eierchen am Zweig hingen, naturgemäss nicht ihre schönsten, kam ich des Weges...
Fünf Jahre lang war Christine Schneiders Tisch am Berner Ostereiermärit ständig umlagert von Besuchern: von solchen mit strahlenden, triumphierenden Augen und andern mit bösen Blicken. Die «bösen Blicke» hatten kein Ei mehr ergattern können... Da gab ich ihr den unseligen Auftrag, mir eine Katze zu modellieren. Sie nahm ihn an. So entstanden drei Katzen zur Auswahl. Und mit ihren Katzen hatte sie Erfolg. Es kamen Enten, Tauben, Pferdchen, Hähne und Krippenfiguren dazu und, wahrhaftig, Saurier... Nun ist sie umgezogen, geht nie mehr PTT-Büros reinigen und fährt auch nie mehr ums Kap der Guten Hoffnung herum – fürchte ich.

Johanna Huber, 1928
Bremgarten BE (CH)
Postangestellte, Hausfrau

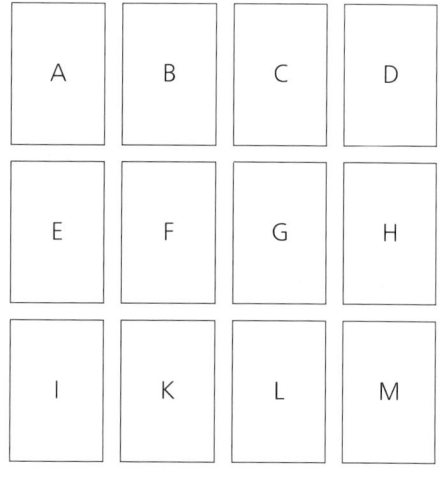

A–M   Huhn

Sie trägt die Schuld, sie allein, dass es
einen Berner Ostereiermärit gibt, einen
in St. Gallen, in Winterthur, in Nyon und
Köln und München, in Holland, im Elsass,
in ... in ... in ... Das kam so: Wie ich
da so vergnügt und zufrieden vor mich
hin ostereierte, nachdem meine Periarthrose längst ausgeheilt war, da bat
mich Johanna Huber, ihr das Gravieren
beizubringen. Bald schon spezialisierte
sie sich auf Rosetten, die sich wie kost-
bares Spitzengewirk über anmutig gefärbten Eiern ausbreiteten. Und wie
glücklich, wie selig war sie, etwas aus
sich herausgeholt zu haben, von dem sie
gar nicht ahnte, dass so etwas in ihr
stecken könnte. Eine einfache, aber
wohlgelungene Rosette ist nämlich ein
ganz klein wenig etwas Schöpferisches,
das einen hinaushebt übers Gleichmass
des Alltags.

Ihr Mann war während langer Zeit
sehr krank gewesen – «Ich weiss nicht,
wie ich über die schwere Zeit hinwegge-
kommen wäre, hättest du mich das Eier-
gravieren nicht gelehrt!», gestand sie
mir eines Tages, und da wusste ich es,
wie in einer Eingebung, dass ich dieses
Glück, auf Eiern zu werken, nicht nur in
meinem Freundeskreis weitergeben
durfte ...

Jedes Jahr zeigte Johanna Huber
neue Muster, begann mit dem Messer
zu spielen – da wurde sie krank. – Aber
sie kommt wieder. Sie sucht noch, wird
kaum dort weiterfahren können, wo sie
aufgehört hat. Sie kommt wieder; denn
da ist noch vieles zu heben in dieser
warmherzigen, frohmütigen Frau mit
dem ausgeprägten Sinn für Wohlgeord-
netes.

Elisabeth Keller, 1941
Liebefeld BE (CH)
Glasmalerin, Hausfrau

Der Glasmaler, bei dem Elisabeth Keller
in die Lehre ging, pflegte eine strenge
Berufsauffassung, verlangte vollständige
Hingabe und duldete keinerlei Nebenge-
leise. So war die feinempfindende, be-
gabte Frau, die liebend gerne alle mög-
lichen Kunstgattungen erprobt hätte,
noch lange Zeit nach Abschluss ihrer
Ausbildung wie ein gefangener Glas-
scherben zwischen Bleiadern. Sie heiratete dann – einen Mann, der zum Glück
so gut zu ihr passt, als hätte ihn der
liebe Gott eigens für sie geschaffen –,
hatte zwei Kinder, die sich langsam von
ihren Schürzenbändeln lösten und ihr
mehr Freiraum liessen. Da kauften sie
ein Haus, das Haus meiner Eltern, in
dem ich eine denkbar glückliche Jugend
verbringen durfte. Und so entstand unsere Beziehung. Die Kellers besuchten
uns am Berner Ostereiermärit und freu-
ten sich über den Geist, der über allem
lag, über die Schwingungen der Freude,
die dem Besucher entgegenschlugen.
Und als ich von Elisabeth Kellers erlern-
tem Beruf hörte, ermunterte ich sie, bei
uns auch mitzumachen. Das tat sie denn
auch, und ihre zoologisch einwandfreien
und doch so unendlich poetischen Vögelchen finden viele Liebhaber. Ihr Malgrund sind zumeist gesprenkelte Natureier oder solche, die sie selber gesprenkelt hat, und die Hamamelisblüte, die sie
ihrer Haubenlerche beigibt, der Sand-
dornzweig unter dem aufgeplusterten
Körperchen zweier Jungvögel sind wie
ein zusätzliches Geschenk dieser stillen,
leuchtenden, feinen Frau.

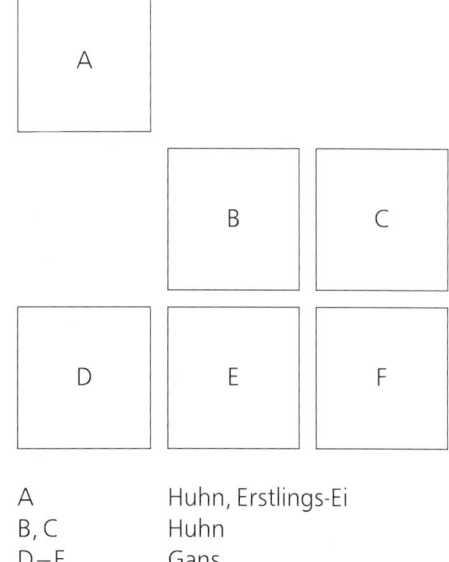

A	Huhn, Erstlings-Ei
B, C	Huhn
D–F	Gans

Ursula Ernst, 1955
Vevey VD (CH)
Keramikerin

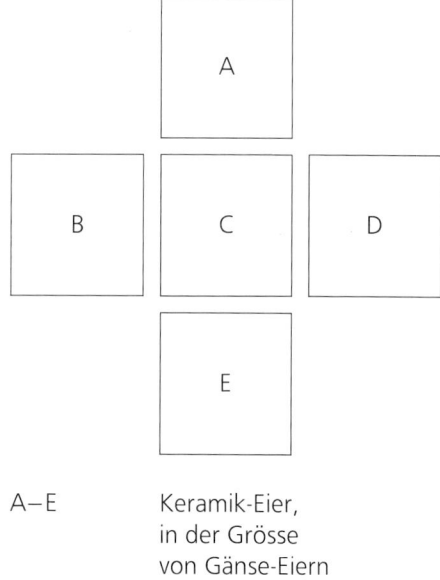

A–E   Keramik-Eier,
in der Grösse
von Gänse-Eiern

Ein Ei aus einem ägyptischen Grab, kein Hühnerei, eines aus Ton geformt – was sag' ich: um einen Hohlraum herum aus Ton *geflochten*... Ich sah es zu einer Zeit, da das Ei noch keine so zentrale Bedeutung in meinem Leben hatte, Jahrzehnte ist es her, aber ich habe es nie vergessen.

Und da lag nun ein ähnliches Gebilde in der Weizenspreu, und keine Pharaonentochter hatte es geformt, sondern eine junge Frau mit strengem Scheitel, eine Keramikerin, die am «Marché des œufs» von Nyon ihre ausserordentlichen Eier verkaufte. Im Jahr darauf kam sie

mit ihren Lurchen und Truthühnern auch nach Bern. Und selbst wer einen Schrei ausstösst, wenn ihm ein Mäuschen über den Weg trippelt oder ein Fröschlein unverhofft vom Seerosenblatt absetzt, der freut sich am freundlichen Getier, das Ursula Ernst mit zoologischer Akribie auf ihre Eier bannt. Da tummeln sich Blindschleichen und Kröten, da putzen Graugänse und Perlhühner ihr Gefieder. Die Vögel sind in warmen Erdfarben gemalt, das «Getier» plastisch aufs Ei gesetzt, und keiner wäre erstaunt, wenn der plattfüssige Gecko mit einem Mal weitergleiten würde.

Woher diese Vorliebe und Kenntnis huschender und hüpfender Wesen? Das Mädchen Ursula hat bis zu seinem zehnten Lebensjahr in Afrika gelebt, in Tansania, bevor es – welch ein Kontrast! – ins Appenzellische heimkehrte und dann an der Kunstgewerbeschule in Vevey seine vierjährige Lehre als Keramikerin absolvierte. Seit 1978 hat Ursula Ernst ihr eigenes Atelier, sie töpfert und modelliert und liebt es, wie sie sagt, mit der Hand zu schaffen und darob den Kopf nicht ganz zu vergessen.

Elisabeth Gschwind, 1941
Bern (CH)
Keramikmalerin, Kunstgewerblerin,
Buchhalterin, Liegenschaftsverwalterin

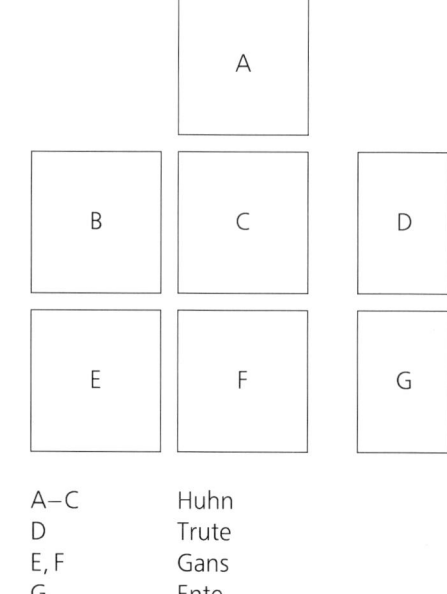

A–C	Huhn
D	Trute
E, F	Gans
G	Ente

Wenn sich einer über die Vielfalt meiner Techniken auf Ostereiern wundert und nach meiner Ausbildung fragt, muss ich stets bekennen, ausser den Zeichenstunden in der Schule keinen kunstgewerblichen Unterricht genossen zu haben. Dieses offensichtliche Manko pflege ich dann – wie bei Elisabeth Gschwinds Frage – mit dem lapidaren Satz zu bekräftigen: «Nur weil ich nichts kann, kann ich so viel!» Dieser seltendumme Satz, sagt sie, habe ihr Selbstbewusstsein gestärkt; denn an der Kunstgewerbeschule in Zürich habe sie sehr viel gelernt, was gewiss auch für ein Osterei nutzbar zu machen wäre.

Und so haucht sie denn mit ihrem Pinsel die allerduftigsten Blütenbüschelchen hin, konterfeit Türkenbund, Sumpf- und Schwertlilien und wagt sich schliesslich in Gefilde, die man füglich in die Zeit verweisen kann, da die Harztropfen an Urweltbäumen noch gar nicht ahnten, dass sie dereinst Bernstein sein würden: Stelzvögel im Uferschilf noch nicht verlandeter Biotope, knotige Ananasgewächse, die im Tertiär bereits am Aussterben waren, und über allem eine Stimmung – ein Friede –, eine Seligkeit, dass man bedauert, im Zeitalter der Mondflüge geboren zu sein.

Und – nur nebenbei gesagt – wenn Sie noch keines von Elisabeth Gschwinds gemalten seidenen Schultertüchern gesehen haben, verpassten Sie eines der sieben Weltwunder!

Marie-Theres Horber, 1945
Herisau AR (CH)
Psychiatrieschwester,
Pflegeheimschwester, Hausfrau

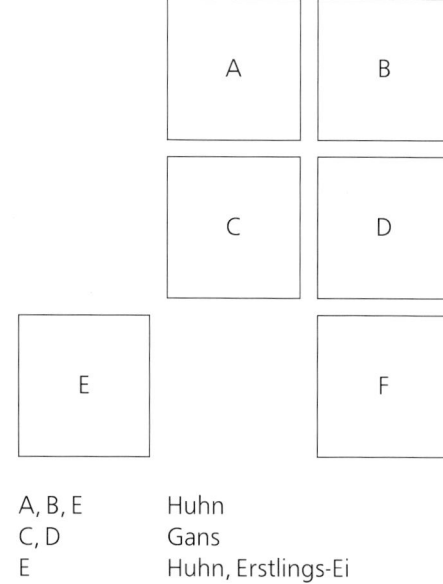

A, B, E   Huhn
C, D   Gans
E   Huhn, Erstlings-Ei

Am Spital, an dem Marie-Theres Horber mit ihrer Schwester Monika arbeitete, schrieb die kunstsinnige Frau des Chefarztes in der hausinternen Zeitung einen Wettbewerb aus: «Wer malt das schönste Osterei?» und stellte auch gleich den ersten und zweiten Preis in Aussicht: ein Frühstück an der Sonne, vor dem Personalhaus nämlich! Den ersten Preis gewann Monika, den zweiten Marie-Theres. Wettbewerbsteilnehmer: zwei – Monika und Marie-Theres!

So begann die Karriere von Marie-Theres Horber. Seit 1980 nimmt sie am Berner Ostereiermärit teil, und aus den Schneeglöckchen und den duftlosen Wicken wurden ganze Blütennester, wuchs ein Wiesenstück – es drückt mir fast das Herz ab, dass ich es Ihnen nicht rundherum zeigen darf. Aber ich hol' es herauf aus dem Keller, wo es wohlverwahrt zwischen Sämereien in seiner Schachtel liegt, und ich versuche, Ihnen zu schildern, was dieses Psychiatrieschwesterchen auf dem pflaumengrossen Ei einer Junghenne alles unterbringt: Spitzwegerich, Stiefmütterchen, Klee, Glockenblume, Löwenzahn, Kuckucks-lichtnelke, Wucherblume, Frauenspiegel und viele, viele Gräser mit ihren Rispen und Ähren. Das alles findet nicht Platz auf einem Ei, meinen Sie? Und dann die elf Mücklein und die dicke Hummel, den Saugrüssel schon ausgefahren, die Löwenzahnflugkörperchen und das Altweibersommer-Spinnennetz? Da kauert noch ein Mäuschen, da kriecht eine Schnecke, dort krakelt ein Frosch. Und zuallerunterst, wo noch ein kleines, dunkelgrünes Fleckchen ist, da steht «M.H.» – fürs T. fand sich kein Raum mehr …

Brigitta Lenggenhager-Gollmitz, 1940
St. Gallen (CH)
Kindergärtnerin, Bildweberin, Hausfrau

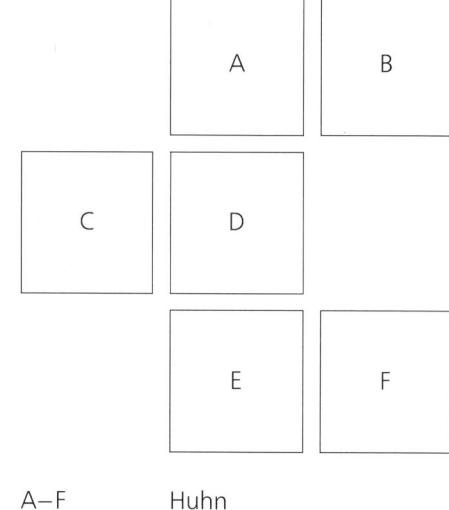

A–F   Huhn

Zirkuspferdchen und Pfauen, Haubenlerchen und Schmetterlinge – kein Wesen ist sicher vor Brigitta Lenggenhagers Pinsel, unter einer Bedingung: dass es sich als Ornament gebrauchen und in einen Rahmen sperren lässt, dass es verzichtet auf Naturtreue, exakte Masse und wirklichkeitsnahe Farben. Es muss neben, unter und über sich Bordüren von Sternchen und Sonnenblumen und Efeuranken dulden, und es muss einwilligen, lapislazuliblau, tönigelb oder veilchenfarben zu sein. Wie wohltuend ist es, zwischen all den dezenten Tönen wieder einmal Ostereierfarben zu sehen, die ins Auge springen und darob das Herz fröhlich stimmen! «Hast du eine Vorliebe für östliche Ornamentik?» fragte ich sie bei der ersten Begegnung. Da stellte sich heraus, dass sie nie Eier aus dem Osten gesehen hatte, bevor sie selber zum Pinsel griff, aber es stellte sich auch heraus, dass ihr Vater aus Jugoslawien stammt…

Monika Kurz, 1946
Waiblingen (BRD)
Mitarbeiterin in einer
wissenschaftlichen Redaktion

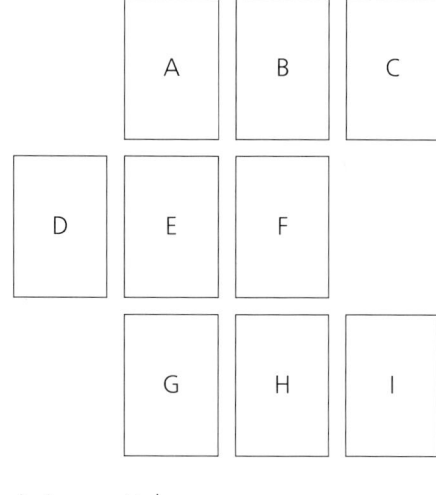

A–I   Huhn

1984 vernahm Monika Kurz in Stuttgart zum erstenmal etwas vom Berner Oster-eiermärit, setzte sich in den Zug und fuhr hin. «Mit grossen, staunenden Augen bin ich da rumgeschlichen», erzählt sie, «und wusste gleich, nächstes Jahr sitze ich an einem dieser Tische!» – und hatte noch nie ein Ei bemalt... Und nun ging es los: Mit der Zielstrebigkeit und dem Ehrgeiz, die ihr eigen sind, probierte sie Technik um Technik aus, ohne auf einen grünen Zweig zu kommen. Erst als sie die Eier mit Wachsfarben belegte und mit dem Graviermesser Müsterchen herausholte, da hellte sich ihr Gemüt auf. *Das* lag ihr. *So* wollte sie weiterschaffen. Mit jedem Ei wuchs ihre Fertigkeit, flossen ihr Ideen zu, wurden ihre Werke mehr und mehr bewundert. Und in Bern nahmen wir sie auf Anhieb an – ab 1985 hat sie da tatsächlich ihren Tisch. Man muss etwas nur ganz fest wollen...

Siegfried Harbolla, 1923
Bern (CH)
Bauernmaler, Dekorationsmaler

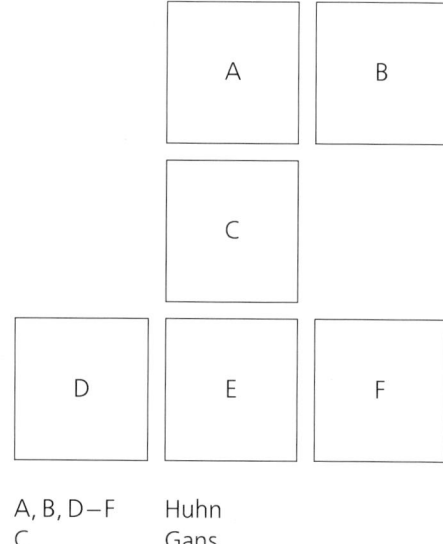

A, B, D–F   Huhn
C   Gans

Bauern- und Dekorationsmaler, das war er seiner Lebtag, und als ich ihn an den Berner Ostereiermärit holte, da fiel es ihm nicht schwer, sein Werkzeug, das sich für grosse Holzflächen eignet, für ein Weilchen gegen ein Pinselchen mit wenig Marderhaaren zu tauschen. Das Gradlinige seines Wesens, das ihm bei seiner Arbeit an Schränken und Truhen zustatten kommt, das hat er auch auf die Rundungen des Eis hinübergenommen: Kein Gräslein, das nicht vom Stiel bis zur Spitze verfolgt werden kann! Seine Schmetterlinge und Stiefmütterchen, die Blaumeisen und Erdbeeren schauen aus, als hätte der liebe Gott sie zur Vorlage für seine Schöpfung gewählt. Alles ist sauber dargelegt, ausgebreitet und lässt keine Fragen offen. Da fehlen schwingende Linien, und die Farben sind spartanisch aufgetragen. Und doch rühren sie einen, Siegfried Harbollas perfekte kleine Konterfeis, um der Treue, der absoluten Rechtschaffenheit willen, die sie verströmen. Und wie sie sitzen, eine jede dieser Zeichnungen, so genau die schweren und leichten Gewichte verteilt, dass einem wohl wird ob so viel Harmonie!

Annemarie van den Bergh, 1929
Rotterdam (NL)
Kinderpflegerin, Hausfrau

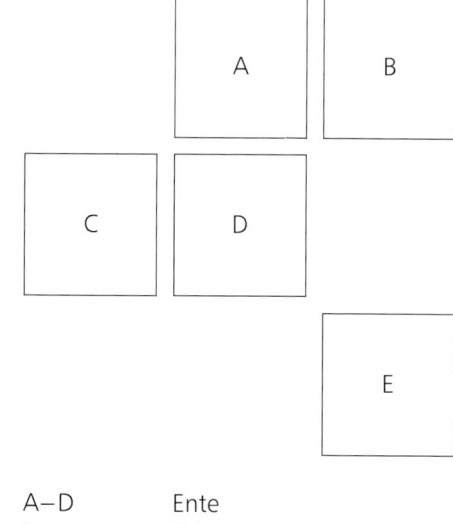

A–D   Ente
E   Schwan

Zwei eierschmückende Freundinnen aus ihrer Heimat, die seit Jahren am Berner Ostereiermärit mitwirkten, nahmen sie mit zur fünften Veranstaltung und brachten sie an meinen Tisch. Ganz schüchtern streckte mir Annemarie van den Bergh eine Schachtel hin – ob ich denn glaubte, dass sie eine Chance hätte, angenommen zu werden? Und da sah ich sie, ihre Vögelchen, balancierend am schwankenden Efeuzweig, aneinandergekuschelt zwei Junge, unter dem Blütenregen eines Nachtschattengewächses, oder angeklammert, die Haubenmeise, ans nadelbewehrte Ästchen einer Kiefer. Fast meinte man, ihre Brombeeren greifen zu können, fast war man versucht, dem netzeknüpfenden Spinnlein den Finger hinzuhalten – so «aus dem Leben gegriffen» ist alles, was Annemarie van den Bergh aus dem Pinsel fliesst. Aber das Allerschönste an ihren liebenswürdigen Gebilden auf Eierschalen sind ihre Tautröpfchen! Wetten, dass Sie hingreifen, um ihre Nässe zu spüren?

Martha Brägger, 1953
Salez SG (CH)
Keramikerin, Zeichnerin

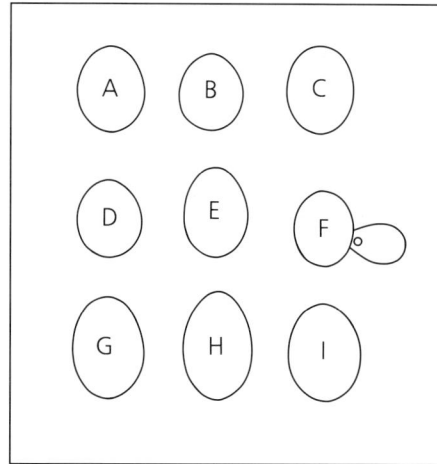

A, C, E, G–H Huhn
B, D, F Huhn, Erstlings-Eier

Seit sie einen Farbstift in den Fingerchen halten konnte, habe Martha Brägger gezeichnet, immerzu, mit Leidenschaft (und zunehmendem Können ...). Kein anderer Beruf als ein künstlerischer wäre für sie denkbar gewesen. Und so liess sie sich als Keramikerin ausbilden. Fast nicht glaubhaft, dass das filigranene Persönchen imstande ist, diese gewichtigen, grandiosen Gefässe zu heben, von denen jedes ein unsagbar schönes «pièce unique» ist. Und es verwundert nicht, dass sie, als sie aufs Ei kam, rundum zufrieden war: Diese geglückte Verbindung – plastische Gestalt: das Ei, und flächige Verzierung – war so ganz nach ihrem Herzen. Und immer führt sie ihre Bilder rundherum, ob ihre begnadete Hand ein Skalpell führt oder eine Stahlfeder, aus der sie ihre tausend und abertausend Pünktchen fliessen lässt.

Wer ihre Eier in Händen spürt, soll nicht nur mit «den Augen trinken, was die Wimper hält», er soll es auch *fühlen,* das Spiel der glatten Flächen mit der Körnung der Tüpfchen.

Was Martha Brägger in die Hand nimmt, gerät ihr zum Kunstwerk. Ein paar Seidenfäden in harmonischen Tönen – und schon hat ein Zwerghuhnei sein Gewand! Ich sage «schon», aber kaum ein Ei, an dem sie nicht vierzig Stunden sitzt. Und da kam Lea dazwischen, ihr Töchterchen, wie ein Püppchen, mit Tollkirschenaugen – und aus war es mit vierzig Stunden für *ein* Ei!

Ursula und Walter Fehr, 1938 bzw. 1924
Zürich (CH)
Laborantin, Hausfrau bzw.
Zahntechniker

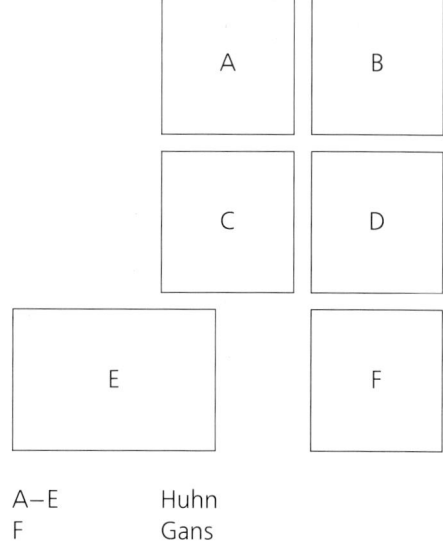

A–E   Huhn
F   Gans

Um es gleich vorwegzunehmen: Bei Ursula und Walter Fehr hat es mit Löchern begonnen: Ursula kaufte ein ungarisches Ei zum Verschenken, schämte sich dann der hässlichen Ausblaslöcher, setzte sich hin, malte selbst ein Ei – doch auch ihre Löcher befriedigten sie nicht. Der Zahntechniker-Gatte schaute ihr über die Schulter, griff nach dem Bohrer, und eins, zwei, drei sassen da zwei Löchlein letzter Präzision! Von da an war Walter Ursulas «Ausblaslochverfertiger». Und wie es so geht: L'appetit vient en mangeant. Zwei winzige Ausblaslöcher pro Ei genügten ihm nicht mehr. So bohrte er denn weiter und weiter, bis das gute Hühnerei ein Sieb war, ein wohlgelungenes Sieb wohlverstanden, ein Gespinst von Löchern, wenn ich mich so ausdrücken darf. Das wiederum weckte neue Ideen bei seiner Frau, und so ordnete er seine Löcher in der Weise an, dass Ursula freie Felder für ihre Blüten und Kränzchen blieben. Ihre Teamwork-Eier wurden immer schöner, immer anspruchsvoller, immer ausgefallener, bekamen ganz eierungemässe Dellen, wurden gar zu Döschen mit Deckel und Knauf und so. Bisweilen pinselt Ursula ganz still ein Ei allein, dann wieder verzichtet Walter auf jeglichen Pinsel-Schnickschnack und bohrt und bohrt, bis eine St. Galler Spitze vor Neid erblassen möchte.

Aber keine Freude auf Erden währt ewiglich: Walter Fehr wurde krank, je häufiger er bohrte, desto kränker. Der Arzt stellte eine Eierschalenstaub-Allergie fest und verordnete eine Absaugvorrichtung. Und nun bohrt er wieder – Gott sei Dank!

Anne Marie Trechslin, 1927
Bern (CH)
Blumen- und Tiermalerin

A–M   Huhn

Nach dem Abitur studierte Anne Marie Trechslin zwei Semester phil. I, war darob nicht glücklich, ging zur Kunstgewerbeschule mit dem Ziel, Zeichenlehrerin zu werden, wurde Ferienaushilfe bei einem Grafiker, wo sie speditiv arbeiten lernte. Die «Ferienbeschäftigung» dauerte sechs Jahre, bis sie sich nämlich entschloss, als Blumen- und Tiermalerin unter die Freischaffenden zu gehen. Weil ihr dabei die gebratenen Tauben nicht in den Mund flogen, klemmte sie sich eines Tages ihre Zeichenmappe unter den Arm und sprach bei der Kunstzeitschrift «du» vor, wo man gleich eine Gartennummer mit ihren Arbeiten herausbrachte. Beim Silva-Verlag, ebenfalls in Zürich, liess man sie ihre Adresse deponieren. Es dauerte ein Jahr, bis dann die Aufträge für Gartenblumen- und Rosenbücher zustande kamen. Ihre Rosen-

bücher haben ihr übrigens das Ehrenbürgerrecht der Stadt Nashville, Tennessee, in den USA eingebracht. Unter vielen Schweizer Pro Juventute - Markenserien steht ihr Name, San Marino hat ebenfalls Postwertzeichen von ihr gedruckt, und sie ist Jury-Mitglied bei den europäischen Rosenwettbewerben. Zu Hause pinselt sie von früh bis spät ihre wissenschaftlich genauen Kreuzschnäbel und Rotrückenwürger, ihre Tausendguldenkräutchen und Hagrosen, und wenn ihr danach steht, wieder mal frischen Wind um die Nase zu spüren, so entflieht sie unsern rauhen Landstrichen und ist dann unter Frangipanibüschen und Jakarandabäumen in Indien oder in der Karibik anzutreffen, im Koffer neben Pyjama und Zahnbürste Papier, Farbkasten und Pinsel.

Drei Jahre hintereinander sass sie am Berner Ostereiermärit, vielleicht mir zuliebe, die ich «A. M. T.» sammle, und kehrte dann wieder in ihre stille Stube zurück zu den Schwertlilien und Rosen, von denen eine ihren Namen trägt. «Wie sieht sie denn aus, die Rose, die deinen Namen trägt?» fragte ich. «Sie passt gut zu mir», lachte sie, «feurig und wild und ein bisschen ungekämmt.» Ungekämmt? Nein, ungekämmt sah ich Anne Marie Trechslin nie, vielleicht ein wenig zerzaust, als sie im Begriff war, mit ihrer quicklebendigen achtzigjährigen Mutter nach Malaisia aufzubrechen und sieben Koffer auf dem Gepäckwägelchen in den Aufzug des Berner Hauptbahnhofs hineinmurkste…

Ulrich Hofer, 1952
Trimstein BE (CH)
Bäcker-Konditor, Fachlehrer,
freischaffender Künstler

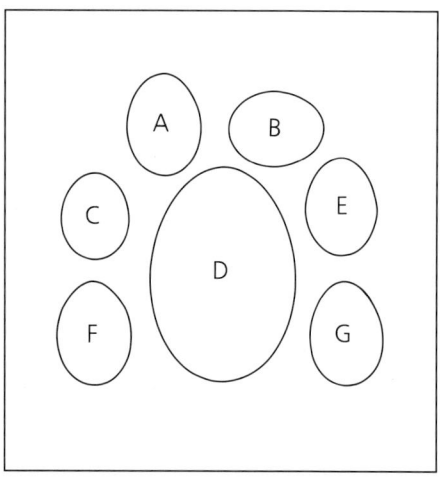

A–C, E–G   Huhn
D   Nandu

Achtunddreissig Fläschchen und Töpf-
chen auf fünf Gestellen – in einem Pokal
mit Fuss –, obendrauf ein Knauf und
zwei Amseln. Diese ganze reiche Kollek-
tion auf einem Ei, so gross, wie ein normal entwickeltes Huhn es legt, geschnitten aus schwarzem Papier, mit Händen
so gross, wie ein normal entwickelter
Bauernsohn von 1,87 Metern Grösse sie
hat. Einfach umwerfend!

Wer das Glück hatte, in seinem stim-
mungsvollen Hexenhäuschen einmal
sein Zweijahreswerk zu betrachten (bevor er es auf eine Ausstellung bringt, die
in einer halben Stunde nach Eröffnung
schon ausverkauft ist!), der ist dankbar
dafür, dass Ulrich Hofer kein Ei zu ge-
ring schätzt, es mit seinen Kunstwerken
zu veredeln. Alle zwei Jahre stellt er aus,
in den tauben Jahren sitzt er zwischen
uns, der grosse Mann mit der kleinen
Schere, und wir sind ein bisschen stolz,
dass er zu uns gehört, denn er ist unter-
dessen weltberühmt geworden mit
dem, was er von einem Fetzchen Papier
stehenlässt, nachdem er ein ganz klein
wenig daran herumgeschnipselt hat …

Gitta Schuoler, 1933
Oberrieden ZH (CH)
Kunstgewerbliche Zeichnerin,
Restauratorin (Klosterarbeiten,
Spielzeug), Hausfrau

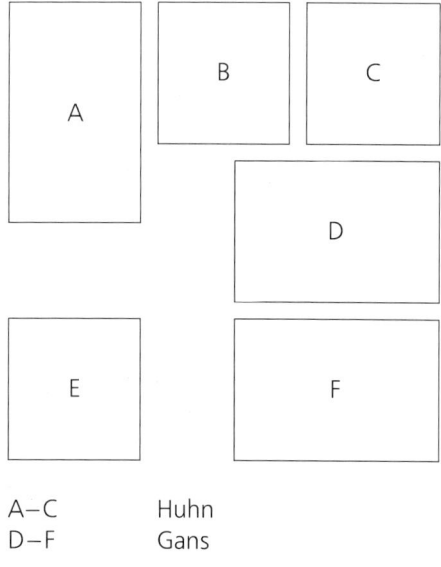

A–C   Huhn
D–F   Gans

Nein – Gitta Schuoler hat nicht «in der Jugend schon». Ihren erlernten Beruf hatte sie bereits aufgegeben, als ihr das erste Ei über den Weg lief: ein antikes Ei. Es liess sie nicht mehr los. Als sie dann in Innsbruck noch auf alte Klostereier stiess, war es um sie geschehen. Eine Zürcher Antiquarin sah ihre ersten Werke und erbat sie sich für einen Osterbaum, den sie ins Schaufenster stellte. Und da kam ich eines Tages des Weges, viele Jahre vor dem ersten Berner Ostereiermärit. Lang verriet mir die Händlerin den Namen der Künstlerin nicht, bis es sich fügte, dass wir zur gleichen Zeit ihren Laden betraten.

Heute stehen um ihren Tisch am Eiermarkt viele Besucher mit einem gerührten Lächeln auf dem Gesicht und leuchtenden Augen, alte und junge, wer

eben sich ein romantisches Restchen im Gemüt bewahrt hat. Stundenlang könnte man vor ihren Zauber-Eiern verweilen; denn nie hört man auf, etwas Neues zu entdecken zwischen Bändern, Litzen, Papierstreifen und Goldborten, zwischen leontischen Drähten, Glasperlen und hundert andern Kinkerlitzchen. Zwischen all die Liliputaner-Requisiten kommen wächserne Figürchen zu stehen oder zu liegen, mit streichholzköpfchengrossen Trömmelchen und einer Feder auf dem Hut, der ein Gesichtchen überschattet, nicht grösser als ein Pfefferkorn! Was Gitta Schuolers geschickte Finger nicht selber formen oder schnipseln, das sucht sie sich auf Flohmärkten, an Bazaren, in den Nähschachteln befreundeter alter Damen zusammen. Bernhard, ihr Mann, sägt ihr die Eier auf

und vergoldet – echt! –, was glitzern soll.

Seit fünfzehn Jahren verfolge ich nun ihre Entwicklung, kenne ich ihre Eier vom Albumbildchen-Konterfei mit fein abgestimmtem Beiwerk bis zu den aufklappbaren Weihnachtseiern, deren Aussenverkleidung schon so kostbar gewirkt oder geklebt ist, dass man sie dem Beschauer nur auf Spiegeln präsentieren dürfte. 71 Schuolersche Eier liegen in meinen Schachteln. Gitta sitzt am Berner Ostereiermärit neben mir – ich habe begonnen, nur noch zu ihr hinüberzu-*blinzeln,* ich darf keines ihrer Eier mehr kaufen, aus Angst, man möchte mir mehr romantische Flausen nachrechnen, als einem in heutiger Zeit zugestanden werden …

Renée-Christine Riard, 1956
Gelterkinden BL (CH)
Buchhändlerin, Bibliothekarin

A	B	C
D	E	F
G	H	I

A–F   Huhn
G–I   Huhn, zweidottrige Eier

Ganz behutsam fing Renée-Christine Riard damit an, schlichte Sternmotive auf blauholzgefärbte Hühnereier zu kratzen, nachdem sie sich am ersten Berner Ostereiermärit von unserem Bazillus hatte anstecken lassen. Schon ein Jahr darauf wurde sie bei uns aufgenommen und ihr Name als Geheimtip für Liebhaber gravierter Eier weitergegeben. Wie exotische Wunderblüten spannen sich ihre zauberhaften Motive über die Wölbung des Eis, und man möchte schwören, dass sie leben, sich bewegen, so hinreissend ist das Spiel von Hell und Dunkel auf ihren Kleinodien.

Saubere Fleissarbeit im ersten Jahr, im zweiten schon sichtbare Könnerschaft, im dritten bewundernswerte Feinheit ihrer Arbeit und im vierten – der Schwanengesang, die schwarze Chrysantheme. Renée-Christine Riard kratzt nicht mehr; denn Besseres bringe sie nicht mehr zustande, sagt sie …

Elisabeth Deér-Széchényi, 1940
Konstanz (BRD)
Arztgehilfin, Kunstgewerblerin,
Antiquitätenhändlerin,
Restauratorin alter Grafik, Hausfrau

A	B

C	D

A	Huhn, abnormes Ei
B	Gans
C, D	Nandu

Auch sie, von Kind an, stets am Zeichnen, am Malen, am Batiken. Wie wollte Elisabeth Deér-Széchényi auch nicht, sie, die südlich des Plattensees in Ungarn ihre frühe Kindheit verlebte, wo die Frauen buntgestickte Blusen tragen, dass einem das Augenwasser kommt, wo die Volkskunst in jeder zweiten Kate blüht! Sechzehn war Elisabeth, als die traurige Flüchtlingswelle sie mit ihrer Familie in die Schweiz spülte. Ihr frohes Gemüt machte es ihr leicht, neue Wurzeln zu fassen. Sie heiratete einen Landsmann, verbrachte einige Zeit in Amerika, gebar drei Kinder, kam zurück ins gute alte Europa und lebte dann während Jahren glücklich und zufrieden mit ihrer lebendigen, künstlerisch begabten Familie in Konstanz – bis erneut das Schicksal ihrem Leben eine Wende brachte: Ein zu spät erkannter Hirntumor riss den Gatten aus der glücklichen Gemeinschaft.

Zwei linke Hände haben manche Leute – wie gut, dass Elisabeth Deér-Széchényi zehn geschickte Finger, einen wachen Geist und eine gottgesegnete Schaffenskraft hat. Was sie damit in diesen vergangenen sieben schweren Jahren zustande brachte, ist schlechterdings bewunderungswürdig. Mit dem zweitletzten ihrer Berufe, dem Restaurieren, und den Ostereiern bringt sie nun ihre Kinder und den schwerkranken Gatten durch, und ist doch trotz aller Last, die sie zu tragen hat, so voller Lebensfreude und Lachlust!

Koosje Witten-Klos, 1946
Amersfoort (NL)
Malerin, Hausfrau

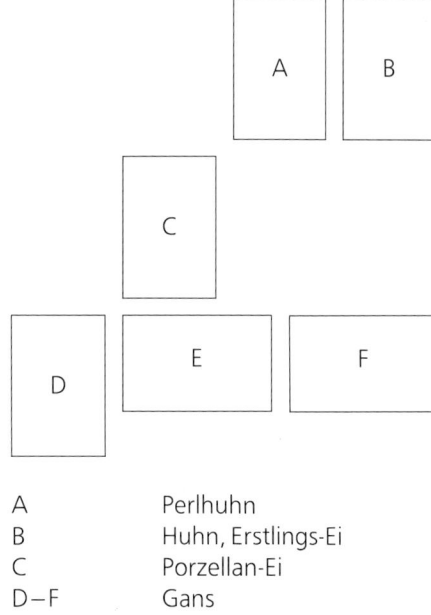

A	Perlhuhn
B	Huhn, Erstlings-Ei
C	Porzellan-Ei
D–F	Gans

Aus eigenem Antrieb, autodidaktisch, kam Koosje Witten-Klos zum Zeichnen und Malen, betrieb es fast fanatisch, acht bis zehn Stunden im Tag. Später wandte sie sich an holländische Künstler, die sie in die Geheimnisse der Ölmalerei einführten. Mit achtzehn Jahren versuchte sie ihre Kunst auf Eiern. Die vergleichsweise kleine Malfläche, die sie bieten, zwangen sie zur Miniaturmalerei und zu immer sich steigernder Verfeinerung, die mit der Zeit so ausgeprägt zu ihrem ureigenen Stil wurden, dass sie auch nicht davon abrückte, als sie als Malgrund auf Leinwand hinüberwechselte. Und dann kam sie zu uns mit ihren Wattvögeln und Nachtfaltern, mit ihren Täubchen und Sonntagskutschen und Jugendstildamen. Wie lange lässt sich verweilen, bis ein Koosje-Land-

schäftchen, nicht viel grösser als ein Daumennagel, ganz begriffen ist, jede Trauerweide, jedes Hühnchen, das im Sande scharrt und jede Blumenrabatte entdeckt sind! Und hat man die Medaillons von Vor- und Rückseite hinlänglich erforscht, bleibt noch das Allerschönste: die Rändchen, die Bordüren, die Umgebungsarbeiten, wie ein Gärtner sagen würde. Da sind Bäume mit Astwerk und Blättern und Blüten und Früchten und Wurzeln – mit Vögeln darin und Schmetterlingen darüber und einer Kleewiese darunter. Da ist der Schmetterling «Grosser Fuchs» (Nymphalis polychtoros), umgeben von acht Käferminiaturen, eingebettet in Blumenteppiche. Da umgürtet eine gemalte Stickborte das Gänse-Ei, unterbrochen von acht Ausgucken ins Paradies: eine Entenfamilie

unter Weiden, zwei Häschen im Gras, ein Pfau auf der Erle, zwei Schäfchen auf der Weide, ein Auerochs, ein Przewalski Pferd, und … und … Und dann sind da ihre unvergleichlichen Schriftbänder: La Fontaines Fabel «Les deux pigeons», auf den Rücken des Eis geschrieben, in zügiger Zierschrift, leicht leserlich, französisch; die Geschichte des Turms zu Babel, der Bibel entnommen, holländisch; Auszüge aus Gotthelfs Erdbeeri-Mareili, deutsch.

«Was würdest du mitnehmen, wenn du auf eine ferne Insel verschlagen würdest?» hört man etwa fragen. Die Bibel, das Lexikon sind einmal ausgelesen. Ich nähme Koosje-Witten-Klos' Eier mit, da hört man nie auf, *noch* etwas zu entdecken!

Beate Frauenfelder, 1952
Romanshorn TG (CH)
Textilentwerferin, Hausfrau

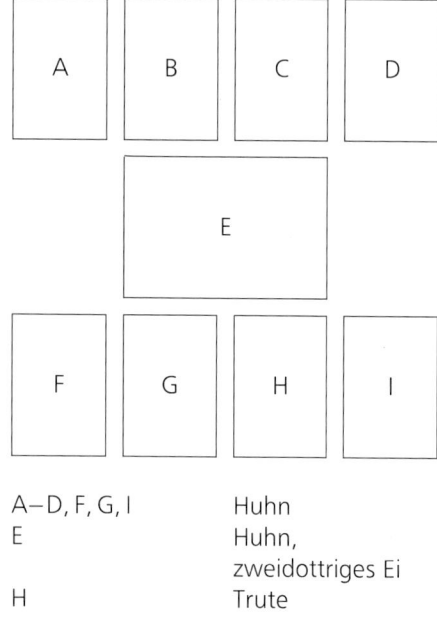

A–D, F, G, I	Huhn
E	Huhn, zweidottriges Ei
H	Trute

An einer Vernissage in Zürich lernte ich ihre Mutter, Annelore Fässler, kennen, die selber intensiv künstlerisch tätig ist und auch zur Berner Ostereiermärit-Familie gehört. Beate Frauenfelder hatte eben ihre fünfjährige Ausbildung als Textilentwerferin an der Kunstgewerbeschule beendet und war bereit, ihren Kunstsinn mir zuliebe einmal auf Eiern spielen zu lassen. Sie rief mich an, der Auftrag sei erfüllt, und ich lud sie zum Mittagessen zu einer Berner Platte ein. Es war ein mausgrauer, nebelschwerer Tag im November. Ich öffnete die Tür, da standen die beiden vor mir (ich seh' sie noch, als ob es gestern gewesen wäre): Annelore, die bereits vertraute, und Beate, eine Flieder-, eine Veilchenprinzessin? Wohin ich schaute, alles war violett: der Hut, die Pelzjacke, die Schuhe, die Strümpfe, das Halstuch, der Schirm, der Glasperlenschmuck und – oh! – auch die Fingernägel und die Wimperntusche! Das ganze Haus duftete von Bohnen und Speck und so, und ich genierte mich ein bisschen, ein solch deftiges, handfestes Mahl dem esoterischen Gast vorzusetzen. Als Nachspeise gab es Himbeeren mit Rahm – ich hätte ihr doch wenigstens Vanillecrème mit kandierten Veilchen anbieten sollen! Trotz kulinarischem Fehlgriff entwickelte sich der menschliche Kontakt erfreulich und kam zu seinem Höhepunkt, als Beate Fässler das Mitgebrachte aus der Umhüllung schälte: dreissig Hühnereier, mit Ölfarbe überzogen und mit gekonnten, geschickt gesetzten Ornamenten graviert. Dreissig Hühnereier, das eine wie das andere – dreimal dürfen Sie raten! – violett! Violett mit Grau- und Blau- und Rotstich. Dreissig wunderschöne Eierchen, ein jedes in seinem eigenen, unverwechselbaren violetten Ton. Ihr Erfolg am ersten Berner Ostereiermärit hielt sich in Grenzen. Doch als sie ein Jahr drauf mit Jungvögeln, 1979 mit religiösen Motiven und schliesslich mit bunt unterzogenen kleinen Meisterwerken erschien, da riss man sie ihr fast aus den Händen.

Da trat Christoff, der ihr Mann wurde und der sie zu den Märkten begleitete, in ihr Leben. Doch dann kam ein Simon, und bevor der ganz trocken ist in den Höschen, müssen wir auf Beate Frauenfelder in Bern verzichten.

Emilie und Norbert Swoboda, 1941 bzw. 1958
Thalwil ZH (CH)
Kaufmännische Ausbildung, Hausfrau
bzw. Chemiker

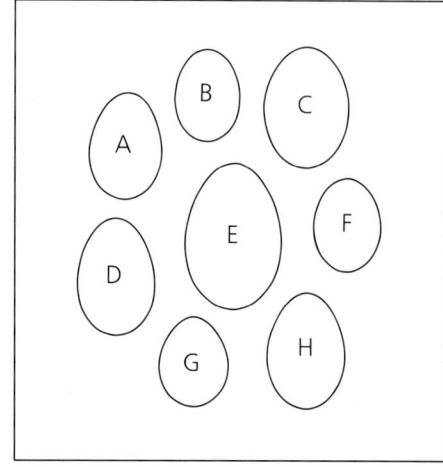

A, H	Ente
B, F	Huhn
C–E	Gans
G	Trute

Emilie Swobodas Vorfahren feierten das
Auferstehungsfest in Bayern, das zu jener Zeit in jedem Haus ein paar Blüten-
zweige mit österlichen Eiern stehen
hatte. Sie pflegte den schönen Brauch
auch in ihrer eigenen Familie. So richtig
eingeklickt hatte es aber erst, als das
erste gekratzte Ei in ihre Hände geriet.
Mit Feuereifer übte sie sich in dieser
Technik, bis eine neue Eierbegegnung
den Anstoss zu ihrem heutigen Schaffen
gab: Im Jahre 1856 erbte in Düsseldorf
ein Apotheker von seinem in Amster-
dam verstorbenen Onkel eine dreitausend Ostereier umfassende Sammlung,
die er seinerseits später seiner Stadt ver-
machte. Die Spitzenstücke dieses Lega-
tes sind Strausseneier in Reliefschnitze-
rei, mit biblischen Szenen und Bildern
aus der griechischen Mythologie. Man
vermutet, sie stammen von holländi-
schen Mönchen aus dem 17. Jahrhundert. Emilie war elektrisiert! Einen Sommer lang probte sie mit ihrem Sohn Norbert, dem Chemiker, ob nicht mit Säure
zu erwirken wäre, was ihnen mit Schnit-
zen nicht gelang. Sie belegten die Zeichnung mit flüssigem Wachs und liessen
die Säure schaffen, was die Mönche
zuvor mit ihren Messern vollbrachten.
Es war ein langer Weg von den ersten
Versuchen zu den herrlichen Eiern dieser
Seite; denn wie oft frass die liebe Säure
mehr weg, als man ihr zugestand!

Hansruedi Stuber, 1953
Teufen AR (CH)
Bauernmaler, Restaurator,
Miniaturmaler

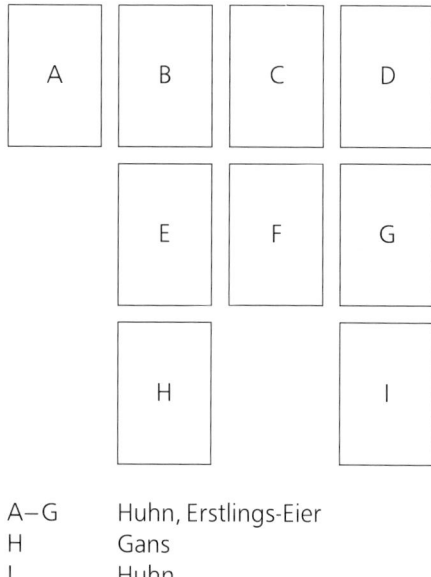

A–G   Huhn, Erstlings-Eier
H   Gans
I   Huhn

An seiner neuen Stelle als Bauernmaler und Restaurator übergab ihm sein Vorgänger ein ausgeblasenes Straussenei, das ich diesem mit der Bitte anvertraut hatte, es mir gelegentlich zu bemalen. In der Anspannung der letzten Tage hatte ihm die Ruhe gefehlt, die ein solches Werk erheischt. Hansruedi Stuber übernahm die Aufgabe gern und malte mir einen Appenzeller Alpaufzug von 1,8 m Länge, mit Bauernhof, einem Weiler mit zehn Häusern und einem Kirchlein, 21 Sennen, 2 Hüterbuben, einem beladenen Fuhrwerk mit 2 Pferden, mit 47 Kühen, 14 Geissen, 2 Mutter-schweinen, 2 bepackten Maultieren, 2 Hunden, mit Tannen und Ahornen und bewaldeten Hügeln und schneebedeckten Bergen und Schäferwölkchen am blauen Frühlingshimmel! Es war das erste Ei, das Hansruedi Stuber malte – zum Glück nicht sein letztes! Kein Ei ist ihm zu gross, keines zu klein, darauf die hohe Schule seiner Kunst auszuüben. Grenzt es denn nicht an ein Wunder, dass ein ausgewachsener Mann von durchschnittlicher Körpergrösse ein Wellensittich-Ei in die Hand nehmen kann, ohne dass es in Brosamen zerfällt? Hansruedi Stuber spannt es zwischen Dau-men und Zeigfinger der linken Hand, vollführt mit dem haardünnen Pinselchen in der rechten eine Reihe von Bewegungen – und wenn man das nächstemal hinsieht, lacht einem ein herziges Fräulein unter breitrandigem Sonnenhut aus dem 18. Jahrhundert entgegen. Und drum herum ein schmales schwarzes Rändchen und ein feines goldenes Filet und auf der Rückseite der Name und die Jahrzahl – und das Eilein ist immer noch in bester Verfassung! Er ist ein grosser Künstler, und ich bin froh, dass er beim Restaurieren seiner Truhen und Schränke unsere lieben, guten Eier nicht vergisst.

Monika Bietenholz, 1940
Nyon VD (CH)
Diplomierte Kosmetikerin, Hausfrau

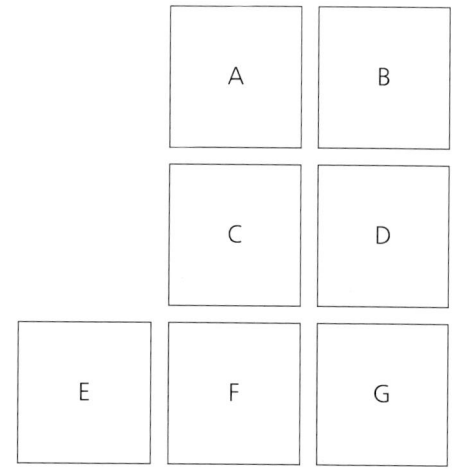

A   Uhu
B, D, G   Huhn
C   Huhn, Erstlings-Ei
E   Junggans
F   Huhn, abnormes Ei,
            doppeldottrig

Im Frühling 1978 las sie in «Schöner wohnen» eine Reportage über den Berner Ostereiermärit. Monika Bietenholz horchte auf, denn schon seit Kindsbeinen hatte sie zur Osterzeit ein paar Eier so hübsch geschmückt, dass sie keiner so recht mit Genuss verspeisen mochte. Bald schon wuchs in ihr die Idee, etwas der Berner Veranstaltung Gleichartiges für Nyon, dieses stimmungsvolle alte Städtchen am Genfersee, zu schaffen. Ein paar Freunde, die sie für ihr Vorhaben und als Mitstreiter zu gewinnen wusste, konnten sich zwar unter einem «Marché aux œufs» wenig vorstellen, legte doch der Osterhase im Welschland damals die Eier bestenfalls rot, blau oder gelb. Die kleine Delegation aus Nyon traf in Bern ein, übernahm unsern Funken (und lud mich zu einem exquisiten Mahl ein – ach, diese Romands!). Monika Bietenholz sah uns beim Gravieren zu, kaufte sich an einem der Stände ihr erstes Papiermesser und mein Anleitungsbuch, ging heim, schlug Seite 31 auf – und kratzt nun, auf ihre Art, solche Meisterstücke!

1980 war sie Mitorganisatorin des ersten «Marché aux œufs» von Nyon, seit 1981 macht sie am Berner Ostereiermärit mit. Und an beiden Orten ist sie der Star: Keiner hat so viele Reihen von Bewunderern vor seinem Tisch, keiner sein Körbchen so früh schon leer.

Heidi Haupt-Battaglia, 1921
Zollikofen BE (CH)
Kaufmännische Ausbildung,
Kunstgewerblerin, Hausfrau

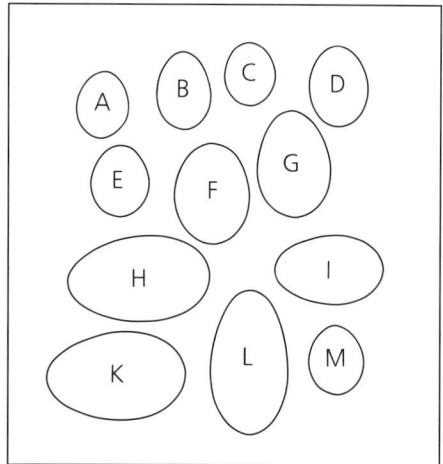

A–E, M	Huhn, Erstlings-Eier
F	Huhn, zweidottriges Ei
G	Huhn
H, K	Gans
I	Bankiva-Huhn
L	Gans, abnormes Ei

«Vom Vater hab' ich die Statur, vom Mütterchen die Frohnatur», bekennt Goethe. Auch ich meine zu wissen, woher ich viele Züge meines Wesens beziehe: vom Vater die leichte Hand, die Lust zum Dekorieren (und Fabulieren), die Freude am Sich-Mitteilen, von der Mutter den Sinn für Ordnung und akribische Genauigkeit. Immer liegt mir etwas unter den Händen – zwanzig Jahre lang erteilte ich Stickkurse, schrieb drei Bücher über Sticken – und dann kam jener Frühling 1964, da mich eine Periarthrose in der rechten Schulter zwang, Eier zu bemalen, wollte ich, der Schmerzen wegen, nicht untätig bleiben. «Nichts halb zu tun, ist edler Geister Art» (Ludwig Wieland) war der Leitspruch meiner

Eltern und später auch der meines Mannes. Nicht nur, dass ich ihn mir auch zu eigen machte, es kam dann noch etwas dazu, mit dem Aussergewöhnliches oft erst möglich wird: ein wackerer Schuss Fanatismus! Fast durch alle Techniken, die auf Eiern anzuwenden sind, habe ich mich durchgebissen, um schliesslich deren zwei oder drei als die mir gemässen zu erküren. Wie freute mich jedes gelungene Werklein! Als meine Möglichkeiten ausgeschöpft schienen, beauftragte ich namhafte Künstler, mir Eier zu verzieren, um auch noch meinen Sammeltrieb zu befriedigen.

Und dann sprach Johanna Huber ihren folgenschweren Satz, den Sie bei ihr nachlesen mögen, und ich wusste mit

einem Schlag, was zu tun war: *Das* steht im Abschnitt über den Berner Ostereiermärit. Und nun waren meine Spätzchen und Uhus und Fische nicht mehr nur für Freunde oder für meine Sammlung bestimmt, nun musste ich unter den Augen der Besucher bestehen. Sie haben es mir, sie haben es uns allen nicht schwer gemacht, die da herbeiströmten ...

Heute noch, zweiundzwanzig Jahre nach meinem ersten Ei und zehn Jahre nach dem ersten Berner Ostereiermärit, habe ich Herzklopfen vor Freude, wenn mich dünkt, dieses oder jenes Ei sei mir gar nicht so schlecht geraten ...

Kunst am Ei   im Verlag Paul Haupt

Heidi Haupt-Battaglia
Ostereier
27 Möglichkeiten, sie zu verzieren.
Ein Anleitungs- und Schaubuch
für kleine und grosse Eierkünstler

2., erweiterte Auflage. 173 Seiten, 33 Farb-
und 47 Schwarzweissbilder, 2 Zeichnungen,
gebunden

Das Buch enthält zahlreiche technische Abbildungen, die dem Laien hervorragende Hilfe
bieten. Etwas ganz Besonderes sind die vielen Farbtafeln in hervorragender Qualität. Ei-
nerseits zeigen sie künstlerisch verzierte Eier,
die mit einiger Übung nachgestaltet werden
können, anderseits einmalige Meisterwerke
der Eierkunst, die man immer wieder stau-
nend betrachten muss.   «Wir Eltern»

*Ce livre est aussi disponible en langue
française:*

Heidi Haupt-Battaglia
Les œufs de pâques
27 possibilités de les décorer.
Un livre illustré plein d'idées et de conseils
pour petits et grands

173 pages, 33 tableaux en couleurs,
47 illustrations en noir et blanc,
2 dessins, relié

Sr. Veronika
Pysanky
Herkunft und Bedeutung der ukrainischen
Ostereier

78 Seiten, 34 Farb- und 15 Schwarzweissbilder, 2 Zeichnungen, gebunden

Die zahlreich abgebildeten Ostereier zeigen
eine solche Vielfalt an kunstvollen Verzierungen in Wachsreservationstechnik und in
schönen Farbkompositionen, dass Eierkünstler, besonders diejenigen, denen die Batik-
technik vertraut ist, reiche Anregung erhalten. Dies auch, obwohl keine direkten Anlei-
tungen zur Verzierung gegeben werden. Die
Autorin bietet vielmehr vertiefende Kenntnis
über die Herkunft und Bedeutung der ural-
ten Ostersitten.   «textilkunst»

Ann Kmit / Loretta L. Luciow /
Johanna Luciow / Luba Perchyshyn
Eierkunst aus der Ukraine
Tradition, Symbolik, Muster, Technik

125 Seiten, 28 Farb- und 8 Schwarzweissbilder, 181 Zeichnungen, gebunden

Schritt für Schritt wird die Arbeitstechnik er-
klärt. Es handelt sich dabei um eine Wachsre-
servation, eine Technik ähnlich dem Batikfär-
ben von Stoffen. Dieses Buch bietet nebst
zahlreichen Mustervorschlägen aber auch
eine Fülle neuen Bildmaterials und einen vertieften Einblick in Ostersitte, Symbole und
Muster des reichen ukrainischen Erbes.

Johanna Luciow / Ann Kmit / Loretta Luciow
Zauberhafte Eier
Ukrainische Ostereier und wie man sie
verziert

2. Auflage. 92 Seiten, 16 Farbtafeln,
44 Schwarzweissbilder, gebunden

Das schön bebilderte Buch ist eine reine Au-
genweide und dazu ein attraktives Stück Kul-
turgeschichte.   «ELLE»

Natalie Perchyshyn / Luba Perchyshyn /
Johana Luciow / Ann Kmit

Verzierte Eier – ein Musterbuch
Eine Einführung in die Technik
der ukrainischen Eierkunst
mit zahlreichen Vorlagen

112 Seiten, 2 Abbildungen,
363 Zeichnungen, gebunden

Anhand von 24 Grundmustern führen die
Autorinnen (in den Vereinigten Staaten le-
bende Ukrainerinnen) in die Technik des Verzierens ein. Schritt für Schritt wird gezeigt,
wie das Ei aufgeteilt wird, wie verziert und
gefärbt, wie schliesslich abgeschmolzen und
lackiert wird. Der Leser erfährt aber auch,
wie sein Arbeitsplatz am zweckmässigsten
zu gestalten ist und welche Arbeitsmateria-
lien beschafft werden sollten. Auch Hinweise
auf die Bedeutung der einzelnen Symbole
fehlen nicht.
Es ist ein wertvolles Werkbuch mit geschicht-
lichem Hintergrund, geschaffen für Hobby-
künstler, Eltern, Kinder, an Volkskunst inter-
essierte, aber auch für Lehrer, besonders der
Fächer Zeichnen und Werken.